Tanguy Viel

Paris–Brest

Quart*buch*

Tanguy Viel

Paris–Brest

Roman

Aus dem Französischen
von Hinrich Schmidt-Henkel

Verlag Klaus Wagenbach Berlin

I

Mit Blick über die Bucht

1

Offenbar schlug ein kühner Architekt vor, als Brest nach dem Krieg in Ruinen lag, wo man schon alles neu bauen müsse, da sollten doch alle Einwohner das Meer sehen können: Man könne doch die Stadt im Halbkreis wieder aufbauen, nach hinten immer höhere Häuser, die Stadt bis an den Rand der Strände gezogen. In gewisser Weise könne man alles neu erfinden. Ja, in gewisser Weise, hätten nicht ein paar reiche Nörgler ihre Immobilien wiederhaben wollen beziehungsweise nicht ihre Immobilien, denn die Stadt lag in Schutt und Asche, aber doch ihren Grund und Boden. Also hat man in Brest, genau wie in Lorient, genau wie in Saint-Nazaire, überhaupt nichts neu erfunden, sondern einfach Steine auf die Fundamente der Ruinen gemauert. Wenn man nach Brest kommt, dann sieht man die Stadt, ein bisschen weiß ist sie im Hintergrund des Hafens, ein bisschen licht auch, aber platt, kubisch und abgeplattet, wie eine aztekische Pyramide abgeschnitten mit einem horizontalen Sensenhieb. So, das ist die Stadt, die neben ein paar anderen als die scheußlichste von ganz Frankreich gilt, wegen dieses ungeschickten Wiederaufbaus, der zu zugigen Straßen führt, wegen einer verunglückten Strandsituation (komplett verunglückt sogar, denn der einzige Strand der Stadt ganz am Ende der Bucht liegt verlassen da unterhalb der lärmigen Schnellstraße, über die der Verkehr aus der Stadt abfließt), häufig auch wegen des Regens, des hartnäckigen Regens, den die großen Lichter des Himmels nicht aufwiegen können, so dass Brest dem Hirn eines Seemanns ähnelt, von der Welt geschieden wie eine Halbinsel. Ja, wie eine Halbinsel, sagte der junge Kermeur, und wenn du hier bleibst, endest du auch so, dann endest du wie deine Großmutter.

Ihr gegenübersitzend im Bus, der uns in die Stadt zurückbrachte, ich weiß noch, wie ich auf ihrer Haut die Müdigkeit lesen konnte, die ihr Gesicht furchte, sie die Augen starr nach draußen auf das Meer zu unseren Füßen gerichtet, als der Bus auf die Bucht einschwenkte, auf die Brücke über der Bucht, und sie wie jedes Mal bei der Rückkehr vom Spaziergang, sie hielt den Zeigefinger an die Scheibe und sagte, schau. Dann sah ich auf die Fenster ihrer Wohnung in der Ferne, da oben am Boulevard überm Hafen, die fünf großen Fenster ihrer neuen Wohnung, ihrer neuen Wohnung mit Blick über die Bucht, das betonte sie unweigerlich jedes Mal, einhundertsechzig Quadratmeter mit Blick über die Bucht, wiederholte sie, als wäre das ein einziges Wort, ein zusammengehörender Ausdruck, den sie tausende Male verwendet und dabei sämtliche Bilder angedeutet hätte, die damit einhergehen, die blaue See in der Bucht, die veränderlichen Tönungen des Wassers, die stillen Augustfluten, der sich spiegelnde Fels und die grauen Winterstunden, kurz, der fortwährende Wechsel der Meeresstimmungen. Und ich wusste schon, ich würde ihr, sobald aus dem Bus gestiegen, auf dem Gehsteig den Arm reichen, dann würde sie darauf bestehen, dass wir zusammen in ihrem Stammrestaurant zu Abend essen, komm, sagte sie, du kannst ruhig mit mir in den Cercle Marin kommen und mich dann nach Hause bringen, du hast es nicht weit. Das stimmte, ich hatte es nicht weit, denn ich wohnte direkt unter ihr. Und tief in mir drin dachte ich nur eins: dass ich es schließlich nicht anders gewollt hatte.

Ja, du hast es nicht anders gewollt, sagte der junge Kermeur, man sollte nicht direkt unter ihr wohnen, man sollte so einen unannehmbaren Handel nicht annehmen, aber du hast ihn angenommen, klar, du warst dumm genug, ihn anzunehmen, damit machte er mich mundtot, wenn er abends bei mir auflief, gegen 21.00 Uhr, pünktlich wie die Eisenbahn. Um 20.40 Uhr kamen wir aus dem Cercle Marin, um 20.50 Uhr ging meine Großmutter zu sich hoch, und ich konnte sicher sein, dass er um 21.00 Uhr bei mir klingelte, der junge Kermeur, eine Flasche Wein in der Hand, eine Zigarette in der anderen, stets bereit, mir auf die Schulter zu klopfen, mir, seinem alten Freund, wie er sagte. Denn auf gewisse Weise stimmte das, der junge Kermeur war ein alter Freund. Und nachdem er mir ein Glas eingeschenkt hatte, als wäre er bei sich zu Hause, schenkte er sich auch eines ein und leerte es in einem Zug, dann stützte er sich auf den Heizkörper unterm Fenster, draußen das Dunkel im Widerstreit mit dem Licht der Laternen, dem orangefarbenen Dunst, der die Stadt kontrollierte, und die Beinahe-Stille, die er mit dem knappen Knall seines Glases auf der Spüle unterbrach. Dann betrachtete er die Möwe da auf dem Balkongeländer und sagte zu ihr dabei, ein bisschen angetrunken, wie er es zu dieser fortgeschrittenen Abendstunde war, er sagte zu ihr: »Na, du möchtest wohl auch gern mit der alten Dame essen gehen, was?«, mit diesem zuckersüß ironischen Ton, den er der Möwe gegenüber anschlug und über den er sich selbst amüsierte.

Aber wo hatte er bloß diese Bezeichnung her, so kristallklar zugleich, so effizient, dass ich nie wieder so tun konnte, als ob ich sie nicht gehört hätte, die alte Dame.

Und er hatte sozusagen gewonnen: Auch für mich war meine Großmutter mittlerweile »die alte Dame«, nachdem ich regelmäßig mit ihr in die Stadt oder spazieren ging, von der Kirche zum Friedhof und zur Konditorei, ja spazieren, so nannte sie diese Nachmittage mit Besuch der Gräber, wo sie die Steinplatten abstaubte, und während all der Zeit, wo ich in Brest unter ihr wohnte, musste ich sie allwöchentlich auf den Friedhof begleiten, sie und Madame Kermeur, denn manchmal, ja, da nahm sie ihre Zugehfrau mit auf den Friedhof.

Stinkt dir das eigentlich nicht, fing der junge Kermeur wieder an, jeden Tag in ihrem Marinerestaurant da zu essen?

Dabei kann man das kaum ein Restaurant nennen, den Cercle Marin, eher eine Art Club, und wer da essen will, muss seine Zugehörigkeit zur Marine nachweisen, obwohl das eigentlich heißt, dass da jeder oder beinahe jeder reinkann: Wer in Brest hätte schließlich keine Verbindung zu irgendwem, der zur See fährt, sei es durch Verwandtschaft oder verschwägert? Also ging sie als Witwe eines Marineoffiziers jeden Tag dorthin, an diesen stinkvornehmen Ort, so sah sie ihn jedenfalls, wegen der Freitreppe mit den fünfzehn Stufen, die zum Eingang hinaufführte, wegen der großen Trikoloren, die daneben gehisst waren wie republikanische Symbole, wegen der hochrangigen Offiziere, die den Ort in Beschlag genommen hatten mit ihren zahllosen Gören, mit ihrem knochigen, bohnenstangig geraden Gang.

Ich weiß, wovon ich rede. Ich war auch da, tausende Male, wenn ich sie mittags wie abends begleitete, wider Willen die hageren Offiziersfiguren grüßte, die dort speisten in ihrem verglasten Heiligtum. Wie es aussieht, wird man bei der Marine nach dem Knochenbau ausgesucht, oder aber es gibt ein bestimmtes Training oder eine bestimmte Ernährung, die ihre Körper sämtlich in diese längliche und kurios vogelartige Form schnitzt, ja, genau, sie sehen aus, ganz genau, sie sehen aus wie Gänse, wie Truthähne oder wie Erpel, und dazu Kinder im Dutzend, denn man ist fruchtbar in der Marine, die Kinder sehen auch aus wie Entlein, wenn sie, den Po immer so ein bisschen nach hinten rausgestreckt, durch die schwere Rauchglastür kommen.

Er war wie ihr eigener Kokon, dieser Ort, an dem nicht das kleinste Körnchen Staub von draußen zu befürchten war, wo man sich unter Leuten aus derselben Welt zusammenfand, mit derselben Kleidung und derselben politischen Einstellung, was jedem die Zuneigung des Nächsten garantierte, dieser Art Nächsten, den jeder mühelos lieben kann wie sich selbst, denn er ist ja wie er selbst. Alle gleich gekleidet, gleich frisiert, alle gleichermaßen im Cercle Marin speisend, die Männer mit ausrasiertem Nacken, die Frauen mit Haarreif aufgeputzt, ein schrulliges Völkchen, Auferstehung einer Vergangenheit, die es wohl nie gegeben hat, aber die sie selbstgewiss zu repräsentieren und fortzuführen meinen, eine Art althergebrachtes und royalistisches Frankreich, immer noch von der Dreyfus-Affäre erschüttert.

Denn in *France*, nicht wahr, meinte der junge Kermeur, in *France* steckt *rance*, also ranzig. Und er brachte sich selbst damit zum Lachen.

Aber ich hab keine andere Wahl gehabt, sagte ich zu ihm, meine Mutter hat mir keine Wahl gelassen, entweder so oder in den Süden, was hättest denn du an meiner Stelle gemacht, dasselbe wie ich, klar doch, alles, nur nicht nach Südfrankreich. Und ich hörte die Stimme meiner Mutter vor ein paar Monaten: Entweder du ziehst zu deiner Großmutter, oder du kommst mit uns in den Süden, verstanden, entweder so oder du kommst mit nach Südfrankreich. Und mit zur Zimmerdecke gewandten Augen rang meine Mutter die Hände wie eine italienische Madonna, flehte einen in ihr verborgenen Gott an und wiederholte unermüdlich, das sei doch nicht möglich, ach mein Gott, was hab ich bloß dem Himmel angetan, was habe ich dem Himmel angetan, dass ich da hin muss, in die hässlichste Gegend Frankreichs, so lamentierte meine Mutter.

Stimmt, es ist ziemlich hässlich, das Languedoc-Roussillon. Ich hab da ja noch nie gewohnt, aber ich mag die Gegend nicht. Bleibt mir bloß weg mit der rauen Buschlandschaft, mit den Stieren oder den Flamingos, bleibt mir weg mit den alten Steinen von Montpellier oder dem Mistral am Pont du Gard, ich sehe das alles genauso wie meine Mutter, und jeder, der da wohnt, tut mir von Herzen leid, besonders wenn er gegen seinen Willen dort wohnt. Und meine Mutter, die lebt gegen ihren Willen dort.

Also hätte ich auch da wohnen sollen, hätte mit ihr nach Südfrankreich ziehen sollen, damit die ganze Familie im Exil vereint ist und vereint leidet, das war ihr Wort, Exil, wegen der Probleme meines Vaters, die sie zwangen, die Bretagne zu verlassen, den fetten Problemen, auf die ich noch zu sprechen komme. Aber mit ihnen fortgehen, nein, das hab ich nicht gemacht. Ich bin dem Exil entgangen, sagte ich zum jungen Kermeur, denn ich war schon siebzehn und absolut imstande, selber auf mich aufzupassen und ohne meine Eltern in Brest zu bleiben.

Meine Mutter hat meine Meinung von mir selbst nie teilen mögen, aber zu meinem Glück hat meine Großmutter in demselben Moment darauf bestanden, dass ich bei ihr blieb, denn wenn ich bleiben wollte, konnte ich einfach unter ihr einziehen, das passte ganz hervorragend, denn sie hatte Platz, zu viel Platz sogar für eine einzelne Person in ihrer neuen Wohnung, ihrer zu großen Wohnung, sagte sie, mit Blick über die Bucht. Also gut, unter der Bedingung, dass du bei deiner Großmutter wohnst, kannst du in Brest bleiben, sagte meine Mutter schließlich, zu Tode betrübt.

Wenn da unten wenigstens ihre Anfälle aufhören würden, sagte der junge Kermeur.

Im Traum nicht, vergiss es, antwortete ich, die Anfälle meiner Mutter sind Frucht einer tiefsitzenden Angst. Das Einzige, was sie tun kann, sagen die Ärzte, ist, sich eine Plastiktüte über den Kopf zu ziehen und da reinzuatmen, das ist das Einzige, was sie beruhigt.

Theater, ja, nichts anderes sind diese Anfälle deiner Mutter.

Und während ich den Wein trank, den der junge Kermeur mir einschenkte, saß ich da und sah zu, wie er herumzappelte und mehr redete als ich, und hörte in meinem Schädel immer wieder dieses unwahrscheinliche Gespräch, er und meine Mutter, nicht annehmbar, sagte der eine, das ist ein nicht annehmbarer Handel, und die Stimme meiner Mutter schob sich darüber: Außerdem erinnere ich dich daran, dass du nicht volljährig bist, wir sind vor dem Gesetz für dich verantwortlich.

Vor dem Gesetz, hörte ich immer noch, als ich die Musik lauter stellte, um den Schritten meiner Großmutter zu entgehen auf dem Parkett über mir, wenn sie automatenhaft aufstand, jeden Abend wieder, um ihr Schlafmittel zu nehmen, dann ging sie zurück ins Bett, und dann schlief sie endlich.

Hör dir das bloß mal an, sagte ich zum jungen Kermeur, ich bin gezwungen, die ganze Zeit Musik anzumachen, wenn ich mich konzentrieren will, aber wenn ich

Musik anmache, ganz klar, da kann ich mich ja nicht mehr konzentrieren, nicht mal lesen kann ich.

Solange du hier bleibst, sagte er, in einer verregneten Stadt am Ende der Welt, solange du hier bleibst, kommst du zu nichts. Und mit einem ungläubigen Blick auf die Bücherregale, die an den Wänden entlangliefen, legte er nach: Du hättest es besser so machen sollen wie dein Bruder, du hättest besser auch Fußballer werden sollen.

Aber dazu sagte ich nichts, schon weil ich nicht wirklich etwas zu sagen hatte, saß da und machte nichts in meinem Zimmer, in den sechzehn Quadratmetern meiner Einzimmerwohnung, also zehn Mal weniger als bei deiner Großmutter, sagte Kermeur, das ist schon normal, denn du bist zehn Mal weniger reich. Und da musste er wieder lachen, nicht weil ich arm bin, sondern weil meine Großmutter so reich ist.

Nein, sagte er, ich lache nicht, weil deine Großmutter reich ist, sondern wie sie reich geworden ist, darüber schon, darüber lache ich.

Und dabei schenkte er sich ein Glas ein, zündete sich eine Zigarette an, und manchmal legte er sich sogar auf mein Bett. So war er, der junge Kermeur, fast wie zu Hause. Und es stimmte sogar, dass er hier fast wie zu Hause war, wo seine Mutter schon seit so vielen Jahren oben arbeitete, sagte er, und jetzt arbeitet sie also für deine Großmutter, fuhr er fort.

Aber wenn mir einer erzählt hätte, deine Großmutter würde eines Tages hier wohnen, wenn mir einer erzählt hätte, meine Mutter würde deiner Großmutter eines Tages den Haushalt machen.

Und dann schwiegen wir immer beide.

2

Stimmt schon, es ist irgendwie lustig, auf welche Weise sie reich wurde, meine Großmutter, wegen der fünfzehn Stufen vorm Cercle Marin, die er, der alte Herr, sozusagen nicht allein hinuntergehen konnte, seine achtundachtzig Jahre steckten ihm in den wackligen Beinen, zitternd suchte seine Hand das Geländer, an jenem Tag wartete er also sozusagen vorm Eingang, wagte nicht, etwas zu sagen oder um Hilfe zu bitten und dachte, er würde es schon noch schaffen, da hinunter und am nächsten Morgen wieder hoch, wie gewohnt. Doch an dem Tag wollte es der Zufall oder etwas in der Art, dass sie, die alte Dame, die hohe Glastür gerade ein paar Sekunden nach ihm aufschob, sie hatte dasselbe Stammessen zu sich genommen, das dort serviert wurde, und ihm den Arm anbot. Stolz, robust und würdevoll, grüßte er höflich, als sie ihm vorschlug, sie könnten ja eingehakt hinuntergehen, und fragte, was für ein Engel ihm denn da zur Hilfe komme, und er willigte ein.

Sie erzählt das so. Sie legt Wert darauf, wie höflich und wie sanft er war. Aber wer ihm einmal begegnet ist, hin und wieder, wer ihn mal beschnuppert hat da in seinem Empire-Sessel und den schweren Ton seiner Stimme gehört hat, der kann möglicherweise denken, er hätte es auch allein die Treppe hinunter geschafft. Man kann sich vorstellen, er hätte sich eingeredet, er würde nicht hinunterkommen, oder er hätte sie glauben gemacht, dass er es nicht schaffte, ob er den Coup jetzt geplant hatte oder nicht, aber er hätte darauf gewartet, dass ihm jemand half, oder auch: dass sie ihm half. Möglicherweise kann man ihn sehen, grummelnd, brummelnd auf seinen Stock gestützt, im Gespräch mit sich selbst und drauf und dran, sich trotz allem an den Abstieg zu machen. Und sie, liebenswürdig nimmt sie seinen Arm, besteht darauf, während er weiter grummelt, sie kaum ansieht, aber beruhigt ist er doch, oder erleichtert.

Ich jedenfalls erzähle es so. Aber ich weiß nicht mehr darüber als sie, sogar ein bisschen weniger, denn ich war nicht dabei, als es passierte, diese Begegnung, wie sie ihn ansprach, oder umgekehrt, oder wie zwei so alte Menschen zueinander fanden wie Kinder, nicht wussten, wohin sie schauen sollten, sich mit allerlei Floskeln behalfen, »es ist ja nicht gerade schönes Wetter heute«, »diese Stufen sind so gefährlich«, nachdem sie sich unzählige Male beim Essen im großen Saal des Restaurants beobachtet hatten, während sie einsam ihre Teller leer aßen, wahrscheinlich tausend Mal hatten sie einander mit einem Nicken gegrüßt, wie zwei Stammgäste, betroffen von der Spiegelbildlichkeit des anderen, hatten es vermieden, einander zu offenkundig anzusehen, während zugleich, das war unvermeidlich, ihre Blicke sich wohl vier, fünf Mal pro Essen begegneten, so dass sie bisweilen ein unsichtbares Lächeln andeuteten.

Ich weiß nicht. Niemand weiß es. Niemand war da, um es zu sehen, außer schweigsamen Kellnern, und niemand käme je auf die Idee, sie nach solchen Details zu fragen, das wäre vollkommen abwegig gewesen, ob sie ganz zufällig einen alten Herren ganz hinten im Saal und eine alte Dame beim Fenster bemerkt hätten, ob diese beiden sich nicht schon aus den Augenwinkeln betrachteten und sich vielleicht irgendein freundschaftliches Zeichen gaben, nein, kein Mensch käme auf die Idee, so was zu fragen, nicht hier, nicht im Cercle Marin, in diesem Saal, gewaltiger als ein Naturkundemuseum.

Und der Cercle Marin hatte mit einem Naturkundemuseum gemeinsam, dass er ebenfalls Dinosaurier beherbergte, verschwundene Arten, von denen man gar nicht vermutete, dass es überhaupt noch einige Exemplare gab, nicht nur diese vielköpfigen Familien, sondern jene, die die andere Hälfte der Gäste ausmachten: Greise, uralte Greise, deren Skelette wieder wie im Naturkundemuseum an unsichtbaren Drähten hingen, die sie aufrecht hielten, alte Admirale, direkt von Trafalgar hierher gebracht und festlich herausgeputzt, immer tadellos, sagte meine Gromutter, ah, wirklich im-mer-ta-del-los, wiederholte sie, dabei hinkten sie alle und waren krumm, aber immer noch so stolz, so alert mit ihrer Krawatte und dem gestärkten Kragen, den gekämmten Haaren, ganz comme il faut oder auch mit den ausgefallenen gekämmten Haaren, genauso comme il faut, aber einer sehr eleganten Kopfbedeckung, sagte sie, die sie abnahmen, um recht freundlich zu grüßen, recht kriecherisch, würde ich sagen. Aber in ihrer Sicht war da nie ein Zuviel an Höflichkeit, also nichts Kriecherisches.

Alles in allem konnte man sich gut vorstellen, dass sie den Lebensabend mit einem Admiral verbringt, sie, die offenbar alle so bezauberte, all diese Greise aus einer anderen Zeit. Aber nicht das ist geschehen, sie verbringt ihren Lebensabend nicht mit einem Admiral, oder sagen wir, nicht genau das ist geschehen, Albert Vlaminck, der Mann von achtundachtzig Jahren, die ihm in den wackligen Beinen steckten, Albert Vlaminck war kein Admiral.

Und an jenem Tag, als der Zufall sie zum ersten Mal vor dem Eingang des Cercle Marin zusammenführte, da zeichnete sich wohl kaum so etwas wie ein Gefühl auf ihrer beider leicht marmorierten Wangen ab oder erzitterte in ihren steifen Sätzen, jedenfalls hatten sie genug Kraft, das zu verhindern, vor allem sie mit ihrer eisigen Miene bis an die Fingerspitzen bewahrte ihr desillusioniertes Gesicht, geschminkt, aber desillusioniert, voll mit nichtssagenden, allzu liebenswürdigen Floskeln, diesem Gesicht, wegen dem wir uns alle lange gefragt haben, was ihn wohl derart bezaubert hat, ihn, Albert.

Denn er war bezaubert, jedenfalls sollte er alle Anzeichen dafür an den Tag legen, er, der ihr ein paar Mahlzeiten später, er schreckte vor nichts zurück, sagen wir, nach ein paar Dutzend Mal im Cercle Marin anbot, seine Erbin zu werden.

Ja, das bot er ihr an, sie könne seine Erbin werden, könne sogar das werden, was man, wie sie später lernte, Universalerbin nennt. Im Gegenzuge müsse sie nur einfach mit ihrer Gegenwart bezahlen, an sämtlichen Tagen, die ihn noch vom Tode trennten und sie dann von seinen achtzehn Millionen.

Sie hatte recht gehört.

Achtzehn Millionen.

Sie überlegte lange. Nächtelang wälzte sie sich in ihrem Bett hin und her, telefonierte stundenlang mit ihrer Tochter, wanderte tagelang in ihrer Wohnung auf und ab. Sie überlegte umso länger, als sie von vornherein wusste, dass sie ja sagen würde. Sie überlegte nicht, ob sie annehmen, sondern wie sie es vor sich selbst rechtfertigen würde, wenn sie ja sagte. In dem Augenblick selbst, da er es ihr vorgeschlagen, da er das Wort »universal« oder »Erbin« ausgesprochen hatte oder vielleicht das Wort »Vermögen«, hatte ihr Herz ja gesagt. Schon im Speisesaal des Restaurants, als er noch gar nicht mehr gesagt hatte, als dass er ihr etwas sagen wolle, etwas Wichtiges, schon da wusste sie, sie würde ja sagen.

Dennoch sagte sie zuerst einmal nein, und das ist durchaus normal. Erstens, weil jeder weiß, dass man immer erstmal nein sagen muss, außerdem, weil er zunächst nicht von Geld oder Erbe sprach, sondern von Heiraten. Aber was für einen Unterschied würde es machen, ob sie verheiratet waren oder nicht, was für einen Unterschied würde das machen, würde er dann sagen, um sie zu überreden, er, der so ganz allein zu Hause saß und Beethoven hörte, und er dachte sogar, dass Beethoven zu hören für ihn ganz allein keinen Sinn hatte, auch darum oder nur darum brauchte er Gesellschaft, ja genau, sagte er heimlich bei sich, »eine Gesellschaftsdame«.

Nicht er benutzte diesen Begriff, Gesellschaftsdame, nein, mein Vater kam darauf. So ein Ausdruck konnte auch nur meinem Vater in den Sinn kommen, vorausgesetzt, er konnte nervös über sie lachen, seine Schwiegermutter, vorausgesetzt, er konnte bei Tisch losprusten und meiner Mutter auf den Wecker fallen und dafür sorgen, dass sie sich beinahe schämte, wo er doch von ihrer Mutter sprach, und ein bisschen Respekt, verlangte sie, ein bisschen Respekt, wenn ich bitten darf. Denn Albert selbst, nein, der käme nie auf so ein Wort. Vielleicht wollte er es, vielleicht hat er es gedacht, aber ausgeprochen hätte er so ein Wort niemals. Er sagte nur einfach: Sie bleiben bis zu meinem Tode an meiner Seite, Marie-Thérèse, bis zu meinem letzten Atemzug. Und er fügte hinzu: Ich bin alt, das wissen Sie ja, es wird nicht lange dauern. Und dann beugte er sich vor, als wollte er ihr ein Geheimnis anvertrauen, und flüsterte: Sehen Sie, Marie-Thérèse, das ist fast so etwas wie lebenslänglich.

Sie selbst hat mir das so erzählt, und einmal konnte sie sogar darüber lachen, über sich selbst lachen gewissermaßen, denn sonst lachte sie wenig, offen gestanden, schon gar nicht über sich selbst, schon gar nicht über Albert. Und sie willigte ein, natürlich, trotz des Geredes und des Risikos, was da kommen mochte, sie willigte ein, rannte zum Notar, um die offiziellen Dokumente zu unterzeichnen, und wahrscheinlich hat sie versucht, sich das einzureden, als sie vor dem beschlipsten Notar saß, dass sie ein Recht auf ein besseres Leben hatte, dass sie das verdiente, und dann auch, als sie ihre Unterschrift auf die Papiere setzte, die er ihr hinschob, dass sie ihn, Albert, liebte, dass auch eine Art Gefühl sie dazu brachte, das hier zu tun, sie wiederholte für sich, den Stift in der Hand: »Aber ich liebe ihn, ich unterschreibe, weil ich ihn liebe«, oder aber: »Ich tu das für meine Kinder und für meine Enkel, mein ganzes Leben lang hab ich schon immer alles für sie getan, für sie, meine Tochter, und für die Kinder meiner Tochter.«

Und vielleicht stimmte das auch.

Alles ging derart schnell über die Bühne, da nannte Albert noch eine Bedingung, eine kleine Bedingung, aber eine Bedingung eben doch, nämlich dass meine Großmutter nach seinem Tod seine Putzfrau, seine Haushälterin, wie er es nannte, weiterbeschäftigen müsse, und die heiße Madame Kermeur.

Sie gehöre gewissermaßen zur Wohnung, meinte Albert, und folglich zum Erbe, in diesem Sinne müsse man sie zu der beweglichen und unbeweglichen Masse der Hinterlassenschaft zählen, den Empiremöbeln und den Beethoven-Sinfonien. Und natürlich akzeptierte meine Großmutter, sie willigte ein, mit der Wohnung auch zugleich Madame Kermeur zu übernehmen, die dann zu ihrer Putzfrau würde, zu ihrer Haushälterin, und das, ohne im Geringsten zu ahnen, so wurde mir später klar, dass sich mit Madame Kermeur arrangieren zu müssen auch hieß, sich mit dem jungen Kermeur zu arrangieren.

3

Vielleicht hat sie aus Trauer geweint, als er, Albert, starb. Vielleicht hat sie ihn am Ende tatsächlich geliebt, nach all den Unterhaltungen, nach all dem Beethoven, den sie hörten und dabei aufs Meer blickten. Sie, der Musik ihr Leben lang gleichgültig gewesen war, die zu Hause nur einen Fernseher hatte, durch den je nach Programm allerhöchstens mal Unterhaltungsmusik in ihre Wohnung kam, ebenso willkürlich, wie eine Möwe sich auf dem Balkon niederlässt, sie saß ganze Nachmittage in einem Louis-XV-Ohrensessel, um Musik zu hören, in einem extra dafür vorgesehenen Raum, um geradezu religiös nichts anderes zu tun als das, um mit ausgestreckten Beinen und auf dem Bauch gefalteten Händen den Klängen der Fünften zu lauschen, der achten und der neunten Sinfonie von Beethoven, die aus einer Hifi-Anlage erklangen, allerneuester technischer Standard. Vielleicht hatte sie das irgendwann tatsächlich gemocht, hatte begriffen, dass diese gemeinsam verbrachten Jahre, drei Jahre genau gesagt, in denen sie sich gegenseitig stützten und begleiteten, dass die alles Gold der Welt aufwogen, so sehr, dass sie zu gegebener Zeit vielleicht sogar auf das Erbe verzichtet und ihm in sein Grab statt einer Handvoll Erde die Papiere hinterhergeworfen hätte, die sie an diese Hinterlassenschaft banden. Aber am Ende tat sie das nicht. Sie hatte schließlich nicht all das auf sich genommen, um so kurz vorm Ziel zu verzichten, so kurz vor dem Augenblick, da sie endlich Eigentümerin wäre, sie hat immer nur dieses Wort im Mund, sagte meine Mutter, Eigentümerin, wiederholte sie und rückte ihren Haarreif zurecht, denn so was trug meine Mutter auf ihrem Schädel, einen Haarreif.

Wenn es nur an ihr gelegen hätte, an meiner Mutter, dann wäre das Erbe im Handumdrehen um diese grässliche Übernahmeregelung amputiert worden, was für eine Schande, sagte sie, so die Früchte einer Lebensarbeit zu beschweren, und sie sagte das umso verbitterter, als sie sich sehr weit entfernt fühlte, da sie ja genau zu der Zeit oder kurz darauf in den Süden hatte ziehen müssen. Ich weiß noch, wie ich am Vorabend ihres Aufbruchs zu ihr sagte, ich sagte, stimmt schon, das ist wirklich ein Pech, ausgerechnet jetzt wegzumüssen.

Wie, ein Pech?

Na ja, ausgerechnet jetzt, wo Albert gerade gestorben ist und wir Millionäre werden.

Und ich weiß nicht, was da in sie gefahren ist, in meine Mutter, ich weiß nicht, was für ein Schock sich ereignete in ihrem Gehirn, denn statt zu lachen oder das Thema zu wechseln oder zu schweigen wie so oft, stattdessen haute sie mir eine runter, eine gewaltige Ohrfeige, schneller als der Blitz, und ich stand da vor ihr, den Abdruck ihrer Hand auf der Wange.

Wenn es nur nach mir gegangen wäre, Mutter, wärst du natürlich in Brest geblieben und hättest die alte Dame im Blick behalten können wie bei der Ziehung der Lottozahlen. Wenn es nach dir gegangen wäre sowieso, und du hättest eine andere Version der Geschichte erzählt, eine Version ohne Albert wahrscheinlich, eine ohne mich wahrscheinlich, aber vor allem, glaube ich, ganz sicher eine ohne die Kermeurs.

Meine Mutter hat sie nie leiden können, die Kermeurs, aber noch viel weniger seit dem Tag, an dem Albert starb, also ab dem Tag, wo sie Madame Kermeur mit ihrer Mutter allein lassen musste, allein also mit den achtzehn Millionen, die überall herumlagen und herumhingen, an den Wänden, in Schränken und Vitrinen, mit den achtzehn Millionen, die ihr bitter wurden aus der Entfernung, den tausendzweihundert Kilometern, die sie vom Departement Finistère trennten, und was war sie nicht gleich nervös wegen uns allen, nervös wegen ihrer Mutter, wegen mir, wegen den Kermeurs, und die wussten es sehr wohl: Dass meine Mutter sie verabscheute, das wussten sie sehr wohl. Und mit Grund.

Falls du denkst, meine Mutter hat das vergessen, sagte der junge Kermeur immer.

Nein, natürlich nicht. Und natürlich musste es am Tag von Alberts Beerdigung passieren. Wir waren dort, meine Großmutter, meine Mutter, ich, alle drei waren wir dort, und ganz klar wussten wir, dass sie, Madame Kermeur, ebenfalls kommen würde, auch wenn meine Mutter später das Gegenteil behauptete, auch wenn sie mir tausend Mal gesagt hat, ich hätte sie warnen müssen, wusste meine Mutter es ganz genau, dass sie an dem Tag zu Alberts Totenwache kommen würde. Jedenfalls redete meine Mutter über Madame Kermeur, sei es, um das Gespräch in Gang zu halten, sei es, um die Angst zu zerstreuen, sie demnächst hier hereinkommen zu sehen, meine Mutter sagte zu meiner Großmutter, sie könne diese Putzfrau nicht behalten, solange die im Haus sei, würde sie nie ihre Ruhe haben, und man könne niemandem trauen. Wer Geld hat, kann niemandem trauen, sagte meine Mutter.

Und meine Großmutter konnte sagen, sooft sie wollte, dass sie Alberts Willen respektieren würde, meine Mutter ließ nicht locker, sie sagte: Du weißt nicht, wovon du redest, diese Leute sind nicht wie wir, diese Leute sind zu allem fähig. Und sie entwarf ein Porträt von Madame Kermeur, von ihrem vornehmen Gehabe und ihrem Haarknoten, zu adrett für eine Putzfrau, ihren Kleidern, zu schwarz für eine Putzfrau, und dann sprach sie über den Sohn, diesen grässlichen Bengel, so sagte sie, den sie schon lange kannte, der schon in der Grundschule ein scheußliches Gör gewesen sei, und dann sprach sie die Erbschaft an, dieses ganze Vermögen, um das herum diese Frau dann jeden Tag staubwischen würde, was denkst du denn, fragte meine Mutter gerade, warum die sich bei der Arbeit so viel Mühe gibt, als es gegen halb vier auf einmal klingelte, da haben wir's.

Schon bevor die Tür auf war, hatte sie es begriffen. Sie schaute mich ängstlich an und schluckte zugleich und spürte zugleich, wie ihr Herz losraste, als ich aufstand und zur Tür ging, und ich machte mir keinerlei Illusionen, es gab keinen Zweifel, wer da heute eine halbe Stunde zu früh geklingelt hatte: Madame Kermeur natürlich. Und ich wusste nicht, was ich sagen sollte.

Aber meine Mutter wusste es, denn um sie, meine Mutter, aus der Fassung zu bringen, hätte es noch viel mehr gebraucht: Kommen Sie herein, sagte sie, bitte sehr, wissen Sie, wir haben Sie erst in einer halben Stunde erwartet, aber es macht nichts, kommen Sie herein, ich stand da und schämte mich, Zeuge dieser Szene zu werden, wo ich noch vor drei Minuten gegrinst hatte über dieses Gegifte und fröhlich in meinem Kaffee gerührt hatte, denn es ist ja immer oder fast immer ein Vergnügen zuzuhören, wenn schlecht über Leute geredet wird, die man kennt, mindestens so sehr, wie wenn man die Leute nicht kennt. Und was kam dann, dann kam, dass Madame Kermeur genauso wenig aus der

Fassung war, und wenn sie es gewesen wäre, dann hätte sie erst gar nicht geklingelt, denn natürlich hatte sie alles mit angehört, über ihr vornehmes Gehabe und dass sie auf das Erbe scharf sei, seit einer Viertelstunde vielleicht stand sie schon vor der Tür. Als hätte sie für ihr Porträt Modell gestanden, mit dem Unterschied, dass es in ihrer Abwesenheit gemalt wurde, dass der Künstler ohne Modell auskommen musste, sich dadurch aber nicht weiter stören ließ, der fragliche Künstler, und als sie dann klingelte und damit die Sitzung unterbrach, war es, als würde sie der grässlichen Person, die da beschrieben wurde, endlich Gesicht und Gestalt verleihen, aber lassen Sie sich nicht stören, sagte sie, machen Sie weiter.

Wie, womit weitermachen?, fragte meine Mutter. Doch statt wieder zu gehen, statt wortlos die Tür hinter sich ins Schloss zu werfen, statt mit meiner Mutter zu zanken, trat Madame Kermeur sacht zum Sarg hin, kniete sich davor wie ein Klageweib und faltete die Hände zum Gebet. Meine Mutter stand immer noch im Eingang, stand reglos da, das weiß ich noch, ich versuchte, das Gespräch wieder aufzunehmen, als ob nichts gewesen wäre, wollte über das miese Wetter reden, ich weiß nicht mehr genau, an die Details erinnere ich mich nicht so, aber ich weiß noch, dass wir, meine Mutter und ich, uns relativ bald verkrümelt haben und dass sie sich seitdem aus dem Weg gegangen sind, denn der Zufall, so sagte der junge Kermeur, hatte das gut eingefädelt, indem er meine Mutter ans andere Ende von Frankreich geschafft hatte.

Doch da war meine Mutter anderer Meinung, sie fand, der Zufall sei ihr in dieser Zeit kein einziges Mal behilflich gewesen, weil sie da wider Willen im fernen Languedoc saß, sich pausenlos beklagte über diese sich endlos dahinziehenden Tage, an denen sie in Palavas-les-Flots Postkarten zu verkaufen versuchte.

In diesem verhassten Languedoc-Roussillon war meine Mutter auf nichts Besseres verfallen, als ein Souvenirgeschäft aufzumachen, in Palavas-les-Flots, und sie sagte, diese Art Laden habe sie eben darum gewählt, weil sie auf diese Weise keinesfalls die Südfranzosen zu Gesicht bekäme, lieber Touristen, die würden ein bisschen frische Luft hereinbringen. Doch genau das war dann wieder das Problem, dass sie einen Laden für Touristen aufgemacht hatte an einem Ort, wo es keine Touristen gab.

Nicht, dass es im Languedoc-Roussillon keine Touristen gegeben hätte, das will ich nicht sagen, ich meine nicht mal, dass es im Languedoc-Roussillon keine Touristen geben sollte, ich meine nur, dass an der Stelle, wo meine Mutter ihren Touristenladen aufgemacht hatte, keine Touristen vorbeikamen. Da sie nicht in der Hauptstraße des Ortes investiert hatte, sondern in einer Neben- und folglich menschenleeren Straße, bekam meine Mutter drei Jahre lang keinen Menschen zu Gesicht. Tapfer stellte sie Tag um Tag ihre Postkartengestelle raus und ihr Sortiment an Feuerzeugen mit eingravierter Ansicht von Palavas-les-Flots, und sie bekam keinen Menschen zu Gesicht. Nur wenn sich mal ein Deutscher oder Holländer verlief, sah sie ihn vorüberirren, doch der wollte dann vor allem zur Hauptstraße zurück, und wenn er bei ihr stehen blieb, dann nicht, um ein Andenken zu kaufen – obwohl auch das ein paar wenige Male vorkommen mochte –, sondern um nach dem Weg zu fragen.

Nach drei Jahren in den roten Zahlen gab meine Mutter das Geschäft auf und packte ihre dreitausendzweihundert Postkarten mit Camargue-Stieren sowie ihre zweihundertachtundvierzig Feuerzeuge mit der eingravierten Ansicht von Palavas-les-Flots (auf denen das P von Palavas einen Sonnenschirm darstellte) in Kartons.

Ich muss zugeben, ich hatte immer den Verdacht, dass meine Mutter das absichtlich getan hatte, dass sie absichtlich ein Geschäft kaufte, das nichts abwerfen würde, dass sie absichtlich Feuerzeuge hatte gravieren lassen, die sich nicht verkaufen ließen, nur um ihren Hass auf das Languedoc-Roussillon zu nähren und auf die Gelegenheit zu harren, wieder in die Bretagne zu ziehen, nur um darauf zu warten, dass genug Wasser unter den Brücken durchgeflossen wäre, um wieder in ihre Heimat zurückzukehren, aus der sie, so sagte sie, davongejagt worden waren, davongejagt von Lüge und Missgunst, so sagte sie ohne Scheu, wegen der Probleme meines Vaters, der großen Probleme meines Vaters, die ich wohl bald mal ansprechen muss.

Dass meine Eltern ihr langes Exil irgendwann haben beenden können, dass sie irgendwann tatsächlich wieder ins Finistère gezogen sind, ist nur der Vorsehung zu verdanken, falls man denn die kommenden Ereignisse der Vorsehung zuschreiben kann, dank derer meine Eltern gnadenhalber wieder ins Finistère zurückkehren konnten, nach so vielen Jahren in der Fremde heimkehren konnten ins Land ihrer Geburt, unter der Bedingung freilich, dass mein Vater sich in der Stadt nicht sehen ließe, eben wegen jener alten Probleme, die jeden Moment wieder hochkommen konnten, mit anderen Worten, die ganze Stadt war bereit, ihm jederzeit an die Gurgel zu gehen.

Auch heute noch erkennt alle Welt meinen Vater, wenn er es mal wagt, unverkleidet durch die Straßen von Brest zu gehen. Alle Welt erkennt den früheren Vizepräsidenten des Fußballclubs von Brest, der mein Vater lange gewesen war, Vizepräsident des großen Fußballvereins von Brest, in jener Zeit, als Brest noch in der ersten Liga spielte, in jener Zeit, als Brest noch eine große Mannschaft hatte, bevor diese eine kleine Mannschaft wurde wegen eines Lochs von vierzehn Millionen in der Vereinskasse.

4

Ich habe nie erfahren, ob mein Vater auch ganz persönlich von den vierzehn Millionen profitiert hat, die bei seinem Abschied in der Kasse fehlten, ich habe nie erfahren, ob er sie tatsächlich unterschlagen oder sie nur sozusagen ausgeliehen hatte, oder aber ob er für andere hatte zahlen müssen, für den Präsidenten des Clubs oder für den Trainer, wie auch immer, Tatsache ist, dass man ihn persönlich belangte für dieses gewaltige Loch, das sich in der Kasse aufgetan hatte, diese vierzehn Millionen, die sanft und leise aus dem Vereinstresor verschwunden waren und wegen denen er Probleme bekam, große Probleme mit der Justiz. Unter anderem bestand immer die Gefahr, dass einzelne derer, die ihn erkannten, sogar nach Jahren noch bereit waren, ihn zu beschimpfen.

Unter denen, die ihn erkannten, waren natürlich viele, die voll Wehmut auf die große Zeit zurückblickten, als Juan Cesar in jedem Spiel Tore machte und wir einmal beinahe um den Europacup gespielt hätten, beinahe, denn Brest hat in seiner Geschichte nicht ein einziges Mal um den Europacup gespielt, aber es fehlte nicht viel, wäre da nicht der Patzer des Torwarts gegen Nantes gewesen im letzten Spiel der Saison, ein gewaltiger Patzer, der uns die Teilnahme am Europacup gekostet hat. Da gab es also jene Wehmütigen, die meinen Vater an diese große Zeit erinnerten und die ihn natürlich weiter mit dieser großen Zeit verbanden, und dann gab es da andere, diejenigen, die immer nur Geldgeschichten und Geldprobleme im Munde führten und die mit gesenktem Kopf an ihm vorbeigingen und noch nach fünf Jahren, wenn sie auf seiner Höhe waren, »Dieb« murmelten oder »Bandit« oder »Schuft«, und mein Vater tat, als hätte er sie nicht gehört, ebenso wie er in Sachen Geld oder Justiz immer so getan hat, als würde er nichts hören.

Selbst vor Gericht hat er so getan, als würde er nichts hören, als wäre das alles ein breit angelegtes Komplott gegen ihn, alles hinter seinem Rücken ausgeheckt, inklusive der vierzehn Millionen, die sich in Luft aufgelöst hatten, inklusive vor allem des falschen Reisepasses von Juan Cesar. Mein Vater, ja, hatte dem Brasilianer Juan Cesar einen gefälschten Reisepass beschafft, damit er in Frankreich spielen konnte. Und das brachte die ganze Geschichte ins Rollen. Das zog ihm die Wut der Verbände zu, die neidisch waren, weil eine kleine Stadt wie Brest einen so talentierten Spieler wie Juan Cesar entdeckt hatte.

Der Anwalt versuchte durchaus, das Gericht milde zu stimmen, indem er den Namen Juan Cesar ins Spiel brachte, er schilderte dem Richter das außergewöhnliche Talent und all das Glück, das dieser Junge einer so verwundeten, so misshandelten Stadt wie Brest gebracht habe, dass all das hundert Mal mehr zähle als ein gefälschter Reisepass und mein Vater auf seine Weise zum Glück dieser Stadt beigetragen habe, haargenau in der Zeit, wo in der Marinewerft die vielen Entlassungen kamen, der Zeit, in der der Handelshafen unter der Schuldenlast ächzte, da habe trotz alledem ein Hoffnungsfunken in den Augen der Einwohner geglommen, dank Juan Cesar und folglich dank meinem Vater. Aber es half nichts. Das Gericht hatte Fußball noch nie gemocht, der Staatsanwalt hatte Fußball noch nie gemocht.

Dem Staatsanwalt waren immer die vierzehn Millionen wichtiger, die sich sozusagen, wie er ironisch sagte, unbemerkt aus der Kasse des Clubs davongemacht hatten. Davongemacht, wiederholte er und hob die Hand zum Himmel, als wollte er die Formulierung meines Vaters illustrieren, der immer wieder sagte, ihm sei »das Fehlen dieser vierzehn Millionen unerklärlich«, und darüber musste der Staatsanwalt lächeln, trotz seiner Freundschaft zu meinem Vater.

Trotz all seiner Freundschaft vor allem zu meiner Mutter, obwohl eher seine Frau ihre Freundin war, soweit man jemanden »Freundin« nennen kann, mit dem meine Mutter einmal wöchentlich Bridge spielte, genauer gesagt jeden Freitagabend, was automatisch auch den Staatsanwalt in Freundesrang erhoben hatte. Um nichts in der Welt hätte meine Mutter es sich entgehen lassen, dort Platz zu nehmen, am exponiertesten Bridgetisch, bei den exponiertesten Frauen der Stadt, der Frau des Polizeichefs und folglich auch der Frau des Staatsanwalts.

Doch auch als sogenannter Freund meiner Mutter konnte der Staatsanwalt nicht anders angesichts der Situation, angesichts der vierzehn Millionen, die in der Kasse der GmbH fehlten, er konnte nicht anders, sagte er zu meiner Mutter, als meinen Vater seines Amtes zu entheben und ihn aufzufordern, ins Exil zu gehen. Gerade als Freund sogar erwähnte er das Languedoc-Roussillon als die ideale Gegend für so ein Exil, einen der schönsten Landstriche Frankreichs. Aber einen, der das Languedoc-Roussillon als einen der schönsten Landstriche Frankreichs bezeichnet, so einen nenne ich keinen Freund.

Meine Mutter nennt ihn auch seit langem nicht mehr ihren Freund, nachdem sie es lange getan hatte, nachdem sie lange bei jeder sich bietenden Gelegenheit die Worte »mein Freund, der Herr Staatsanwalt« angebracht hatte. Ganz plötzlich war diese Wendung veraltet. Seit dem Tag, an dem meine Eltern die letzten Kartons in den Umzugswagen luden, seit dem Tag war über den Herrn Staatsanwalt nichts mehr zu hören gewesen.

Um die Wahrheit zu sagen, war über niemanden mehr viel zu hören, ab dem Tag, an dem meine Eltern ins Languedoc-Roussillon aufbrachen, hinter einem schweren Umzugslaster die Atlantikküste entlangfuhren, die tränenschweren Augen stundenlang starr auf die schwarze Schrift an den rückwärtigen Klappen gerichtet: Bretagne-Umzugsservice.

Und ich blieb da, drehte ihnen eine Nase aus der Ferne, und doch habe auch ich auf der Straße mitunter schmähende Blicke ertragen müssen, mich mitunter von einem sagen wir ironischen Lächeln abwenden müssen oder von den »vierzehn Millionen«, die der junge Kermeur flüsterte, der sich geradezu auf Ironie gegenüber meinem Vater spezialisiert hatte, gegenüber meiner Familie ganz allgemein, gegenüber mir natürlich auch, der ich jede Woche mit meiner Großmutter auf den Friedhof ging und allabendlich mit ihr aß, mit ihr, die allabendlich das Schicksal ihrer Tochter beklagte, wegen der Schande, die sie erdulden musste, hier in ihrer Geburtsstadt, besudelt sei sie, sagte sie, dein Vater hat die Familie besudelt, sagte sie mit diesem finsteren, tief verbitterten Blick, der sie, so glaubte sie, vor den dumpfen Gerüchten schützte, wenn wir im großen verglasten Saal des Cercle Marin zu Abend aßen, hinter den Glasscheiben, die aber wie von ihrem Schwiegersohn verdüstert waren und von den vierzehn Millionen, die wie ein Windhauch durch die Stadt geisterten.

Ich habe das nicht verdient, jammerte sie, es ist doch schrecklich, meinte sie, als hätte sich das Schicksal gegen sie verschworen und hinderte sie daran, ihren späten Reichtum zu genießen und ihren Lebensabend zu gestalten, so lautete ihr Ausdruck, »Lebensabend gestalten«, das sagte auch meine Mutter und schwor, dass sie das immer so von meiner Großmutter gehört habe, sie wolle ihren Lebensabend gestalten.

Man muss schon sagen, beides kam verwirrend dicht nacheinander, die Probleme meines Vaters und das Vermögen meiner Großmutter, anders gesagt, ihre achtzehn Millionen plus und seine vierzehn Millionen minus. So in der Art von kommunizierenden Röhren. Das habe ich nie so ganz auseinandersortieren können, all das ist verschwommen geblieben, sehr unklar, aber ich bin sicher, dass es da unbewusste Verbindungen gibt, natürlich unbewusste, zwischen dem Armwerden meines Vaters und dem Reichwerden meiner Großmutter.

Eines Tages muss ich das alles mal auseinanderfieseln, sagte ich zum jungen Kermeur. Schließlich, fügte ich hinzu, stehen diese Dinge teilweise auf meiner Wange geschrieben, mit dem Abdruck ihrer Hand auf meiner Wange, also ich schwöre dir, eines Tages, eines Tages, wenn ich aus Brest weg bin, dann lasse ich meine Wange sprechen. Eines Tages, wenn ich genug inneren Abstand zu alldem habe, sagte ich gespreizt, dann schreibe ich diese Geschichte auf.

Als ich das zu ihm sagte, zum jungen Kermeur, ich erinnere mich daran, als wäre es gestern gewesen, war ich sicher, er würde stumm bleiben wie immer, gleichgültig meinen allzu vagen Sätzen gegenüber, doch stattdessen, noch während er sich eine Zigarette ansteckte und während er den ersten Rauch wieder ausstieß, schaute er mich an wie ein seltenes Tier, und dann lachte er los, als wollte er am Lachen ersticken, dieses Lachen aus tiefster Tiefe, in dem sich sein Atem und dieser gelbliche Rauch mischten, den er zugleich ausstieß, ja, er lachte lange, ohne aufhören zu können. Dann wurde er wieder ernst, betrachtete die Bücherregale an allen Wänden und sagte schließlich: Aber kein Schwein interessiert sich für Familiengeschichten.

Ich kann nicht behaupten, der junge Kermeur hätte so ganz Unrecht gehabt, was das angeht. Sogar heute noch, bei allem Abstand zu der Situation, kann ich wie er sagen, ja, kein Mensch interessiert sich für Familiengeschichten. Aber kein Mensch interessiert sich für irgendwas, hätte ich ihm ja trotzdem entgegnen können, wenn ich nicht immer erst mit Verspätung schlagfertig wäre, Jahre später erst sage ich mir, ja, genau das hätte ich ihm antworten müssen.

Dabei hatte ich vielleicht an jenem Tag mehr als an sonst einem begriffen, dass ich meinerseits die Bretagne verlassen und an einen echten Ort, in eine echte Stadt ziehen würde, wie zum Beispiel nach Paris, und dass ich nur unter dieser Bedingung normal leben und mich normal konzentrieren und folglich normal würde schreiben können, und dass ich nicht auch in den Süden gezogen bin, wiederholte ich unermüdlich dem jungen Kermeur, liegt vor allem daran, dass ich meinen Frieden mit mir selbst finden wollte, und nur unter solchen Bedingungen, unter friedlichen, würde ich Bücher schreiben können, so, wie ich es vorhatte, seit ich neun Jahre alt war, seit ich begriffen hatte, dass ich ebenso wenig Fußballer wie Pilot werden würde, denn diese Dinge begreift man plötzlich sehr klar mit neun Jahren, es ist besser, sie mit neun zu begreifen, denn später ist es zu spät.

Der junge Kermeur dachte immer, ich würde nicht weggehen. Sogar am letzten Abend am Tresen einer Bar am Handelshafen, ich weiß nicht mehr, mit welchem Schnaps in unseren Gläsern, sogar an dem allerletzten Abend, als ich ihm mitteilte, diesmal würde ich gehen, diesmal sei es ganz sicher, als meine Mutter mir mitgeteilt hatte, sie würden ins Finistère zurückkommen, sie und mein Vater planten zurückzukommen, sogar an diesem wirklich letzten Abend legte er mir nur einfach die Hand auf die Schulter und schien sagen zu wollen, wie eine alte Lebensweisheit, mit uns beiden werde es auf ewig so weitergehen, wir beide seien schließlich ein gutes Team, wir seien wahre Freunde. Und ich, ich dachte tief in mir drin, er habe wahrscheinlich Recht, und mein Problem sei, nie gewusst zu haben, mit wem ich befreundet sein soll.

II

Drei Jahre später

1

Ich nahm am Morgen des 20. Dezember 2000 den Zug nach Brest, um zum Mittagessen bei meinen Eltern zu sein und sogar ein wenig früher, denn heute braucht man von der Gare Montparnasse in Paris nur noch knapp fünf Stunden nach Brest. So nahm ich den Sechs-Uhr-Zug und stand also kurz vor elf auf dem Bahnsteig, den eher schweren Koffer in der Hand, und diesmal war ich fest entschlossen, zehn Tage hier zu verbringen, mit meiner Familie, zehn Tage und keinen mehr, das hatte ich mir fest vorgenommen, vor allem, um mir den Neujahrstag zu ersparen.

Als sie tatsächlich doch wieder in die Bretagne gezogen waren, als ich tatsächlich nicht mehr den Zug nach Südfrankreich nehmen musste, da hatte ich mir schon fest vorgenommen, keinesfalls im Familienkreise ein neues Jahr zu beginnen, denn den Neujahrstag hatte ich schon immer für sehr wichtig gehalten, war mir viel zu sicher, dass es unmöglich sein würde, die zwölf kommenden Monate heiter und gelassen zu verleben, wenn ich im Familienkreise ins neue Jahr hinüberstolperte, und das galt umso mehr für das Jahr 2001, denn diesmal begann nicht nur ein neues Jahr, sondern ein neues Jahrtausend, und ein neues Jahrtausend mit der Familie zu beginnen, das, nein, das war vollkommen unmöglich.

Ich weiß noch, später habe ich darüber nachgedacht, dass diese Millenniums-Sache sicher einen üblen Einfluss hatte auf das elektrisierte Klima, das an diesen wenigen Tagen herrschte, weniger als zehn Tagen in Wirklichkeit, denn am Ende blieb ich nicht so lange. Dabei hatte ich entsprechend gepackt, genau zehn Paar Socken und mehrere Pullover, meine Mutter hatte noch am Telefon gesagt, als wäre ich ein Fremder, den es zum ersten Mal in die Bretagne verschlägt, hatte sie gesagt, ich solle besser ein paar Pullis mitbringen und auch einen Mantel, als wüsste ich nicht, als wüsste nicht jeder Mensch, dass es in der Bretagne im Dezember regnen und auch richtig kalt werden kann. Aber nun, ich hatte den Rat meiner Mutter befolgt, und meinen Koffer so zu füllen, bis ich ihn sogar ein wenig schwer fand, das störte mich umso weniger, als ich wusste, dass mein Vater persönlich da sein würde, am Bahnhof, um mich abzuholen.

Und in der Tat, er war da, mein Vater, saß hinter den getönten Scheiben seines Wagens auf einem Kurzhalte-Parkplatz, selbstverständlich würde er nie aussteigen und mich auf dem Bahnsteig abholen, würde mir schon gar nicht mit dem Koffer helfen, den ich ihn sowieso nicht hätte tragen lassen, wegen dem, was darin war, denn das war zu wertvoll, um es irgendwem in die Hände zu geben, nicht einmal meinem eigenen Vater, schon gar nicht meinem eigenen Vater.

In jenem Jahr also kehrte ich nach Brest zurück, in die Nähe von Brest genauer gesagt, an die Côte Sauvage in Wirklichkeit, dorthin, wo man auf der Düne sitzen und die Möwen betrachten kann an einem eher ruhigen Tag wie damals. So ruhig, dass man von der Straße aus die Île d'Ouessant sehen konnte, wie sie sich vor den Horizont schob und auch vor den einzigen Satz, den mein Vater seit der Abfahrt vom Bahnhof gesagt hatte, seit ich mich neben ihn in seinen dicken Renault gesetzt hatte, er hatte gesagt: »Dunstig an der Küste heute Morgen.« Dabei war es an der Küste an dem Morgen überhaupt nicht dunstig, als sich das Meer uns darbot, als die Straße sich kurz direkt ins blaue Wasser zu stürzen schien, denn der Dunst hatte sich mittlerweile verzogen wie oft so schnell in dieser Gegend.

Der Dunst in diesem Moment kam nur noch von den filterlosen Gitanes, die mein Vater eine an der vorigen ansteckte zwischen zwei abwesenden Sätzen, sehr abwesend waren die sogar, denn ich glaube, wir unterhielten uns nicht über die Strecke, als ob uns das Meer noch schweigsamer gemacht hätte, an dem wir nun entlangfuhren auf der einzigen durch die Dünen gebahnten Straße, von der aus jeder über die Wasseroberfläche ragender Fels wie eine friedliche Stele zum Gedenken an den Wind erschien. Doch ich beachtete es kaum, das Meer, wartete nur auf den Moment, wo man dieses Haus sehen würde, von dem meine Mutter hundert Mal am Telefon erzählt hatte, man kann es gar nicht übersehen, sagte sie, du wirst dich wundern, wie schön es ist. Und vor dem makellosen Himmel würden wir bald wie auf einem eigens aufgeschütteten Vorgebirge die Einsamkeit dieses Hauses vor dem Horizont der Straße sehen, genau, wie ich es mir vorgestellt hatte, wie ein Felsen, den das Meer entnervt in einer Sturmflutnacht an Land geworfen hat, die traditionelle Mischung von Granit und Schiefer, Efeu an der stolzen Fassade, den jede allzu hohe Flut und jeder allzu starke Windstoß besprüht, da stand es wie eine bürgerliche Herausforderung des uralten Meers. Ich stieg aus, um die Torflügel zu öffnen, und mein Vater parkte den Wagen zu Füßen von Granit und Hortensien vor dem Familiensitz, den man tatsächlich Familiensitz würde nennen können, wäre an dem Begriff nicht etwas allzu Geschichtsträchtiges und Solides.

Sagen wir also, das war das neue Haus, das meine Eltern endlich mit einem Teil des Erbes meiner Großmutter erworben hatten, und in diesem Sinn konnte man tatsächlich von geschichtsträchtig sprechen, davon, dass dieses Geld selbst seine Geschichte hatte, dass Geld überhaupt geschichtsträchtig ist, aber sagen wir mal, von Geld, das durch die Hände meiner Eltern gegangen ist, kann man das noch sehr viel mehr behaupten. Überall, wo meine Eltern hingekommen sind, überall, wo sie Geld in die Hand genommen haben, hat es sich sofort mit Geschichte aufgeladen.

Also lebten meine Eltern wieder hier, nicht in Brest, sondern an der Küste, in der Heimat, sagten sie, so dass in dem Moment, wo ich die Tür des Wagens öffnete, um den Fuß in den Garten zu setzen, obwohl die Luft selbst natürlich mit allen Problemen meines Vaters geladen war, obwohl der blaue Himmel ein Trugbild war in unseren Köpfen, dass da nur eine einzige Sache wichtig und ein Ereignis zu sein schien, nämlich meine Ankunft hier, im Schatten der Steine, vor der alten Fassade mit ihren arroganten Fensterscheiben.

Seit drei Jahren schon wohnten sie wieder in der Bretagne, und das war das erste Mal, dass ich sie besuchte, in diesem Sinne war es ein Ereignis. Darum standen sie da, hinter der Fensterscheibe des Wohnzimmers, und spähten nach mir wie nach einem seltenen Tier, meine Mutter und mein Bruder beide da nebeneinander wie Fische im Aquarium, hinter sich den blinkenden Weihnachtsbaum wie in einem Film aus Schweden. Beide sahen mit ihren Nordseefischgesichtern zu, wie ich umständlich den Koffer aus dem Wagen bugsierte und behutsam mit ihm hantierte. In dem Moment schien es mir, als hätte ich so etwas wie eine Bombe dabei, ich hätte in meinem Koffer eine Bombe, die jeden Augenblick explodieren könnte.

Natürlich wäre das der erste Gedanke meines Vaters gewesen, wenn er mir denn geholfen hätte, das Gepäckstück aus dem Kofferraum seines dicken Renault zu hieven und ich das natürlich abgewehrt hätte, natürlich wäre dann angesichts der Jahreszeit sein erster Gedanke gewesen, ich hätte in dem Koffer ein Geschenk für ihn, ein zerbrechliches Geschenk, und eben darum hätte ich abgewehrt.

Ich muss aber sagen, dass nicht unbedingt das in meinem Koffer war, ich muss sagen, dass nicht gerade ein Geschenk für meinen Vater darin war und auch für niemanden sonst von der Familie, in meinem Koffer unter Strümpfen und Pullovern vergraben waren nur die einhundertfünfundsiebzig von mir vollgeschriebenen Seiten, die einhundertfünfundsiebzig Seiten, die ich in den vergangenen zwei Jahren geschrieben, auf denen ich detailliert meine Familiengeschichte geschildert hatte.

Ja, schließlich und endlich habe ich das getan, habe alles ausgepackt auf diesen einhundertfünfundsiebzig Seiten, die ich um nichts in der Welt zurückgelassen hätte, in Paris, auf meinem Schreibtisch verlassen, Bränden und Dieben und Überschwemmungen ausgesetzt, ausgesetzt dem wechselhaften Pariser Wetter. Ohne weiter nachzudenken also, noch bevor ich Pullover und Strümpfe einpackte, legte ich die einhundertfünfundsiebzig Seiten unten in den Koffer. Und ich kann sagen, das war durchaus kein Geschenk für meinen Vater, viel weniger noch für meine Mutter, denn wenn eine Familiengeschichte erzählt wird, dann ist das für niemanden ein Geschenk. Egal wie, meine Familiengeschichte interessierte niemanden, und aus meiner Familiengeschichte ist auch nie ein Buch geworden, aus all den Gründen, die ich sicher noch werde erläutern können, sondern nur ein Manuskript, das ich sorgfältig in meinem Koffer verstaute und das jetzt erstmals das Haus betreten würde. Ich dachte: Das ist wie diese russischen Puppen, jetzt steckt im Familiensitz die Familiengeschichte.

Und alle waren so seltsam freundlich zu mir, alles war so ruhig wie das Meer sonst nie zu dieser Zeit, und vielleicht hätte ich wegen alldem misstrauisch werden müssen, wegen der unschuldigen Fragen meiner Mutter und vor allem der Fragen, was ich denn in Paris mache und wie ich nur auf die Idee gekommen sei, nach Paris zu gehen – eine Laune eher als eine Idee, dachte meine Mutter wahrscheinlich, überzeugt, das werde vorübergehen und ich käme bald wieder zurück, um mit ihnen in dem großen neuen Familiensitz zu wohnen.

Aber selbst wenn ich mit allem gescheitert wäre, selbst wenn Paris sich als absolut feindselige Stadt erwiesen hätte, so wäre ich nie wieder zurückgekommen, an die Côte Sauvage, um dort bei meinen Eltern zu leben, und wäre das umso weniger, als Paris sich nicht als absolut feindselige, sondern als gastfreundliche Stadt erwiesen hatte, als die Stadt des positiven Exils.

Schon an dem Tag, als ich an der Gare Montparnasse aus dem Zug stieg, dem Tag, als ich mein künftiges Pariser Zimmer besichtigte, brauchte ich nur ans Fenster zu treten, um die Pariser Luft zu atmen, und kaum umfasste ich die Aussicht auf den Jardin du Luxembourg, schon hatte sich etwas in mir für Paris als Zukunft entschieden. Sobald ich den Panoramablick über den Jardin du Luxembourg in mich aufnahm, die kleinen Kinder, die ihre Segelbootchen in dem Wasserbassin fahren ließen, da wusste ich sofort, dass ich dieses Zimmer nehmen würde, für lange.

Nie hat meine Mutter begriffen, was mich ritt, nach Paris zu ziehen, und das ausgerechnet in dem Moment, wo sie, meine Eltern, wieder in die Bretagne zurückkamen, das heißt, mit ihren eigenen Worten, wo sie ihr Exil in Südfrankreich schlossen wie eine Klammer, die immerhin vier Jahre gedauert hatte, vier Jahre Postkartenverkaufen in Palavas-les-Flots.

Aha, du weigerst dich also, die Klammer zu schließen, sagten die Augen meiner Mutter an jenem 20. Dezember, aber eines Tages wirst du dich schon noch den Tatsachen beugen müssen, dann wirst du die Klammer schließen und, so legte sie mir innerlich nahe, zurückkommen. Noch in zehn Jahren wird sie den Tag erwarten, an dem ich wieder zu ihnen ziehe. Aber dieser Tag, Mutter, dieser Tag wird nie kommen, nie, hörst du?

Und schon gar nicht jetzt, nicht nachdem ich den ganzen Familienmüll sorgfältig auf meinen Pariser Schreibtisch geleert und einhundertfunfundsiebzig Seiten über meine Familie vollgeschrieben hatte, schon gar nicht jetzt würde ich nachgeben. Im Gegenteil, eben weil ich diese Geschichte hinter mich gebracht hatte, dachte ich, dass es in diesem Jahr, doch ausnahmsweise möglich wäre, Weihnachten mit der Familie zu verbringen, erst jetzt, da ich beendet hatte, was ich schließlich doch meinen »Familienroman« nannte, könnte ich den Zug in die Gegenrichtung nehmen, von Paris nach Brest, als ob nichts geschehen wäre, als ob meine Eltern nie nach Südfrankreich ins Exil gegangen wären, als ob wir die ganze Zeit hier gelebt hätten, in diesem Familiensitz, mit meiner Mutter und meinem Bruder, die beide vor dem elektrischen Weihnachtsbaum blinkten, mit dem Kunstschnee auf den Fensterscheiben, mit meiner so liebenswürdigen Mutter und meinem Vater, der den lieben langen Tag über immer nur dasaß.

2

An jenem 20. Dezember hatten sie sogar meine Großmutter aus ihrem Zimmer heruntergeschafft. Was für ein Ereignis mein Kommen war, konnte ich daran ermessen, dass sie ausnahmsweise meiner Großmutter geholfen hatten herunterzukommen, während sie sonst, das wusste ich genau, seit zwei Jahren nur zu ganz besonderen Anlässen heruntergeschafft wurde und die übrige Zeit oben lebte, im zweiten Stock, im eigens für sie ausgebauten Dachgeschoss, von wo, da konnte man sicher sein, sie nicht entkommen würde. Und sie würde ihnen nicht entkommen, das sollte ich sagen, denn das war eine ihrer großen Ängste, dass meine Großmutter ihnen ihre Gesellschaft entziehen würde, wozu sie trotz ihres hohen Alters absolut imstande gewesen wäre, denn um das zu wollen, um wegzuwollen, war sie durchaus noch helle genug, auch wenn sie inzwischen schwach war und wohl auch ermüdet von diesem neuen Leben, diesem neuen Lebensabend, sollte ich wohl sagen.

Immerhin hatten sie dieses Haus von ihrem Geld gekauft, dem Geld meiner Großmutter, dieses Haus, das sie sich gar nicht hätten leisten können, aber meine Großmutter, die konnte es sich leisten, ohne weiteres, und ihr Geld war durch Vollmacht das meiner Eltern geworden. Dank ihres Geldes hatten sie fast hocherhobenen Hauptes in die Bretagne zurückkehren und die

Familiensituation wieder in die Hand nehmen können, vor allem meine Mutter.

Man kann sagen, sie hatte die Familiensituation seit langem fest im Griff, aber fester noch, seit sie wieder hierhergezogen waren, seit sie dieses Dachgeschoss für ihre Mutter ausgebaut hatte, seit es ihr gelungen war, wie soll ich sagen, die Rollen zu verkehren: So wirksam, dass es jetzt aussah, als lebte meine Großmutter auf ihre Kosten, dabei war das absolute Gegenteil der Fall. Doch meine Mutter verstand es so gut, es anders aussehen zu lassen, dass alle Welt sie für diese Situation zu bemitleiden schien, in der meine Mutter sich für ihre Mutter offenbar schier aufopferte.

Sogar mein Vater, vor allem mein Vater, hatte sich so eingerichtet, dass er die Situation nicht begriff, Hauptsache, er konnte sich hinters Steuer seines neuen dicken Wagens setzen, den meine Mutter ihm von dem Geld gekauft hatte, dem Geld also meiner Großmutter, eben dieses Wagens, mit dem er mich am Bahnhof abgeholt hatte, gut getarnt von den getönten Scheiben, auf denen er im Autohaus bestanden hatte, er werde den Wagen nur mit getönten Scheiben kaufen, und zwar immer noch aus Angst, an irgendeiner roten Ampel könne ihn jemand erkennen und aussteigen und ihn beleidigen und von den vierzehn Millionen anfangen, die sich in Luft aufgelöst hatten, oder gar von Juan Cesars Pass, und der schmorte jetzt sicher, also der arme Juan Cesar, in irgendeinem brasilianischen Knast.

Nie wieder habe ich ein Wörtchen über Juan Cesar gehört, dabei hatte er sämtliche Gespräche beherrscht, jahrelang, tagtäglich, aber mit einem Mal war er aus dem Familiengehirn entschwunden. Dank Juan Cesar aber, ich erinnere mich nur zu gut, hatte Brest die große Mannschaft von Saint-Étienne geschlagen, in der noch

Michel Platini spielte, bevor er zu Juventus Turin wechselte, an eben jenem Tag, an dem Michel Platini mir ein Autogramm auf meinem Fußball gab, als ich noch Fußball spielte, in der Kükenmannschaft. Damals nannte man das Kükenmannschaft. Es gab sechs Kükenmannschaften: Die A-Mannschaft, die B-Mannschaft, dann C-, D- und E-. Und ich spielte in der F-Mannschaft.

Ich hatte lange gebraucht, um zu begreifen, dass die alphabetische Reihenfolge dem Spielniveau entsprach, das die Trainer festgestellt hatten, was bedeutete, dass ich in der schlechtesten Mannschaft meiner Altersgruppe spielte und folglich nicht die geringste Chance hatte, Profifußballer zu werden, wie ich es mir immer gewünscht hatte, sagen wir mal bis zum Alter von neun Jahren, bis zu dem Tag, wo ich weinend vom Training nach Hause kam, weil man mir den Unterschied zwischen der A-Mannschaft und der F-Mannschaft erklärt hatte und ich also nicht zufällig in der F-Mannschaft gelandet war, sondern mangels Talent, daran erinnere ich mich noch sehr genau, der Trainer unserer Mannschaft gebrauchte dieses Wort, er sagte: Es tut mir leid, dir das zu sagen, aber du hast nicht genug Fußball-Talent, ich weiß es noch wie gestern, wie er mit seinem Trainergesicht, mit seiner Trainerstimme an der Tür meiner Eltern läutete, um meiner Mutter zu sagen, dass ich mir in Sachen Fußball keine falschen Hoffnungen machen sollte.

In Wirklichkeit hatte sie ja längst beschlossen, meine Mutter, dass ich kein Fußballer würde, weil ich, sagen wir mal, ganz allgemein nicht sportlich war, sondern eher ein Intellektueller, denn für sie war die Welt immer in diese beiden sehr schlichten Kategorien aufgeteilt, hier die handwerklichen Typen und da die intellektuellen Typen, und das war ich immer gewesen, ein intellektueller Typ, allein weil ich vorm Einschlafen noch Bücher las, während mein Bruder auf der anderen Seite immer als handwerklicher Typ gegolten hatte, einmal, weil er vorm Einschlafen keine Bücher las, und dann, weil er in der A-Mannschaft spielte und folglich alle Chancen hatte, Profifußballer zu werden, was dann auch geschah. Mein Bruder, ja, der jetzt hinter dem Fenster im Rhythmus des elektrischen Weihnachtsbaums blinkte, dieser selbe Bruder ist Fußballprofi geworden, wenn auch natürlich erst in Südfrankreich. Ich weiß, mein Bruder hätte eine Laufbahn in der Brester Mannschaft bei weitem vorgezogen, aber wegen der Probleme meines Vaters stellte sich diese Frage natürlich gar nicht erst.

Einzig und allein stellte sich die Frage, ob mein Bruder sofort mit Fußballspielen aufhören würde, wie meine Mutter es verlangte, gleich an dem Tag, als unser Name im Zusammenhang mit dem Finanzskandal der Mannschaft von Brest genannt wurde. Als mein Vater mit diesem Skandal in Verbindung gebracht wurde, als sein Bild auf der Titelseite des *Télégramme de Brest* erschien, und darunter fett gedruckt die Frage »Wo sind die Millionen geblieben?«, nahm meine Mutter meinen Bruder beiseite und verkündete ihm feierlich, mit diesem Namen könne er niemals Profifußballer werden, mit der Schande, die fortan an diesem Namen hafte, das sagte sie so nicht, sondern bedeutete es durch eine Pause, dadurch, wie feierlich sie meinen Bruder beiseitegenommen hatte. Aber mein Bruder hielt dagegen. Solange er in der A-Mannschaft spiele, schwor er, werde er den Fußball nicht aufgeben, selbst wenn er im Languedoc-Roussillon spielen müsste, lachte er ihr ins Gesicht. Ich weiß, meinem Bruder hat es immer viel ausgemacht, dass er nie das Brester Trikot tragen durfte, obwohl das etwas ist, was er lieber nicht zu Hause ansprach, weder das noch manch anderes, das er mir unter dem Siegel der Verschwiegenheit anvertraute. In Wirklichkeit gründete unser Verhältnis als Brüder hierauf, auf Dingen, die Dritte niemals erfahren würden. Und so ging es weiter, abgesehen davon freilich, dass wir nicht mehr dieselben waren, abgesehen davon, dass wir beide, jeder für sich, insgeheim die Schwelle zum Erwachsensein überschritten. Als ich also an jenem 20. Dezember dieses Haus betrat, fand etwas in uns sofort wieder dahin zurück, in die Kindheit und in die Verschworenheit gegen alle anderen, wir waren Komplizen, und zwar mit guten Gründen.

Ja, es gab gute Gründe, dachte ich noch einmal, als meine Großmutter oben an der Treppe erschien, am Arm meines Bruders, der ihr hinunterhalf, und im selben Moment begriff ich, dass auch sie auf ihre Art seit langem kapituliert hatte. Im Innern wahrscheinlich nicht, ganz gewiss kribbelte und dachte es dort ohne Zurückhaltung weiter, aber sagen wir mal nach außen, hinter ihrer Schminke verborgen und der Beinahe-Stummheit, nach außen schien da eine große Leere zu herrschen, seitdem sie hier eingesperrt war, im Obergeschoss des Hauses, und ich weiß nicht mal, kann man dieses eigens für sie ausgebaute Dachgeschoss als ihr Zuhause bezeichnen, aus dem sie ausnahmsweise am Tag meiner Ankunft herabkam, zu Ehren des verlorenen Sohns, wie mein Bruder schon ironisch bemerkte.

Kaum hatte ich an diesem 20. Dezember die Schwelle des Hauses überschritten, meinen Koffer im Eingang zu meinen Füßen, kaum hatte ich meine Mutter geküsst, da sah ich als ersten Menschen wirklich sie, meine Großmutter. Ich erinnere mich, was sie vor allen anderen sagte, als sie mich sah, sie sagte: »Mein Lieblingsenkel!« Aber als sie das rief, »Mein Lieblingsenkel!«, musste ich die Augen niederschlagen, einerseits wegen meines Bruders, der mich eifersüchtig ansah, andererseits wegen der einhundertfünfundsiebzig Seiten, auf denen ich sie durchaus nicht geschont hatte, auf denen sie nicht »meine Lieblingsoma« war, denn ich war der Ansicht gewesen, dass man niemanden schonen dürfe eingedenk der allgemeinen Stimmung, die in dieser Familie herrschte, eingedenk auch der Tatsache, dass es sich hier um einen Roman handelte, der aufgrund seiner Eigenschaft als Roman verlangte, dass ich das eine oder andere etwas zuspitze.

So musste ich verschiedene Ereignisse interessanter gestalten, sagen wir mal dramatischer als in der Wirklichkeit, und darum musste in meinem Familienroman, in dem, was ich am Ende dann meinen Familienroman nannte, meine Großmutter zunächst einmal sterben.

3

Ein Familienroman ohne Beerdigung, dachte ich beim Schreiben, ist kein wahrer Familienroman. Also musste es eine Beerdigung geben auf ihrem Friedhof, dem Friedhof, auf dem ich ganze Nachmittage mit ihr verbracht hatte. In Wirklichkeit war genau das die Eröffnung meines Romans, der Tod meiner Großmutter, genauer ihre Beerdigung, in dem Moment, wo der Trauerzug über den Weg schreitet, alle mit gesenktem Kopf, dann wird der Sarg in die Grube hinabgelassen, schwer lastende Stille und die Sonne, vor allem die Sonne an jenem Tag, ein starker Kontrast zum schwarzen Marmor. Und der stumme Trauerzug war auf den Weg über den Friedhof eingebogen, ging an den Gräbern entlang wie an den Regalen einer Bibliothek, schritt zwischen den verschlossenen, stummen Steinen einher, nur das Knirschen der Schuhe auf dem Kies hallte durch die Luft, die trocken war, außergewöhnlich trocken an diesem Wintertag.

Und jetzt, als ich sie da vor mir sah, durchaus lebendig in dem Haus, da sah ich es, ihren lang im Sarg liegenden Körper, und meine Mutter mit Sonnenbrille, die die erste Handvoll Erde ins Grab wirft, und die Stille, die dann gefolgt war, eine infernalische Stille an dem Familiengrab, eben dem, das sie ihr Leben lang so gepflegt und sozusagen für ihr eigenes Ende vorbereitet hatte, wo ich hundert Mal gesehen hatte, wie sie um die Grabsteine herum Unkraut jätete. Auf diesem Friedhof hatte ich ohne zu zögern oder auch nur nachzudenken die vorzeitige Beerdigung meiner Großmutter stattfinden lassen, das und die Stille, das und das Fehlen jeglicher Tränen, denn niemand weinte bei jener Beerdigung.

Und niemand weinte bei der tatsächlichen Beerdigung meiner Großmutter, die inzwischen stattgefunden hat, im vergangenen Jahr, um genau zu sein, mehrere Jahre nach jenem sagenhaften Weihnachten 2000, es gab auch dann keine Tränen, aber es war einfach sehr viel banaler: eine normale Beerdigung an einem Apriltag unter feinem Regen, die übliche Ansprache des Pfarrers, während es in meinem Familienroman nur die statuenstarr am Grab posierenden Angehörigen gab, alle in Schwarz, und die Sonne, die umso schwärzere, umso mehr vom Licht lackierte Gegenlichtaufnahmen produzierte, da die Grabsteine wie Stufen wirkten, die den Toten den Blick freigaben, als hätte Gott selbst das so vorgesehen.

So fing diese Geschichte also wirklich an, auf diese rätselhafte Weise, diese natürlich romanhafte Weise, mit der Beerdigung meiner Großmutter, und man spürte gleich, dass heftige, angespannte Dinge geschehen würden, sagen wir schaurige Dinge, denn ich wollte noch etwas, nämlich dass es wirkte wie ein englischer Roman aus dem 19. Jahrhundert, eine Art *Sturmhöhe*. Einerseits wollte ich einen typisch französischen Familienroman schreiben, auf der anderen einen typisch englischen, umso mehr, als er in der Bretagne, und noch einmal mehr, als er im Nord-Finistère spielte, also der rauesten, wildesten und felsigsten Gegend der Bretagne, und da war es ebenso normal, dem Ganzen sozusagen irisches Gepräge zu geben, eines aus Cornwall, mit schwarzen Vögeln und müden Steinen. Und sie haben es ja auch selbst so gewollt. Meine Eltern haben es so gewollt, schließlich haben sie dieses Haus hoch über dem Meer gekauft, sturmumtost, hatten sich unwillkürlich wegen seiner schauerromanhaften Anmutung dafür entschieden, wegen der spöttischen Möwen und der hämischen Raben.

In gewisser Weise, wiederholte mein Vater, hatten sie dieses Haus gekauft, um nichts anderes mehr zu sehen als Wasser, als Wasser und Wind, aber der Wind ist natürlich eine Zutat aus dem Schauerroman, vor allem hier, im Nord-Finistère, dieser Wind von so weit her, der so weit draußen auf See entsteht und wie ein Meeresvogel ankommt, der hindernislos über tausende Meilen heranbraust, ohne dass sich irgendetwas seiner Kraft entgegenstellt, bis er hier gegen das erste Hindernis anrennt, nämlich die steinernen Mauern des Familiensitzes, den er blindlings bestürmt und seine Fenster klirren lässt.

Manchmal kam mein Vater sogar ans Fenster, und wenn der Wind kräftig blies, dann lachte er los wie ein Wahnsinniger, und der Wind trug das Lachen durchs Haus und ließ es auf der Treppe widerhallen. Das war dann die englische Seite meiner Familie. Auf der anderen Seite war es aber eine französische Familie mit französischen Geschichten, Geschichten von Geld und Erbschaften à la française, wegen Alberts Vermögen, wegen meiner Mutter, wegen der Kermeurs auch, einerseits Madame Kermeur, andererseits ihrem Sohn, weil nämlich meine Mutter sie unbedingt beiseite tun wollte wie in einer bereinigten Version der Geschichte. Aber den jungen Kermeur tut man nicht so leicht beiseite, oh nein, nicht so leicht.

In meinem Familienroman also, bei der Beerdigung meiner Großmutter, als meine Mutter die erste Handvoll Erde auf den Sarg aus Ebenholz wirft, im selben

Moment, als die Erde auf dem Holz des Sarges hallt, in genau diesem dunklen und feierlichen Augenblick, da hörten wir hinter uns Schritte auf dem Kies knirschen, alle spürten wir, dass jemand hinter uns herankam, jemand, der nicht hätte da sein sollen. Und meine Mutter wandte sich reflexartig um, und sie sah jemanden da stehen, aufgetaucht wie aus dem Nichts, schroffe Silhouette, finsterer Blick, und da sah sie, ja, den jungen Kermeur. Und sie bekam Angst, meine Mutter, ja, große Angst, denn der junge Kermeur kam an jenem Tag in meinem Familienroman, um alte Rechnungen zu begleichen.

Es ist wahr, es gibt vieles, was ich über den jungen Kermeur noch nicht gesagt habe, Dinge, die auch mich betreffen, und meine Mutter betreffen sie auch, ja, in diesem Dreieck, der junge Kermeur, meine Mutter und ich, darin steckt tatsächlich das ganze Herz, das ganze Blut dieser Geschichte. Und es ist wahr, es gibt Dinge, von denen ich noch werde reden müssen, denn es sind für den Fortgang dieser Geschichte wichtige Dinge, Dinge, die meine Mutter immer lieber beiseitegetan hätte und die sie auf eine Weise auch hat beiseitetun können, wie in einer bereinigten Version der Geschichte, aber ich bin gezwungen, wieder darüber zu reden, ich bin gezwungen, den jungen Kermeur sozusagen wieder mitten aufs Spielfeld zu rücken. In meiner eigenen Version der Dinge, die nicht die von allen anerkannte ist, und vor allem nicht von meiner Mutter, aus allerlei Gründen, die ich gelegentlich noch werde erläutern können, in meiner Version gebührt dem jungen Kermeur ein Ehrenplatz. Er ist sogar der Auslöser der ganzen Geschichte. Darum nämlich taucht der junge Kermeur gleich auf den ersten Seiten meines Familienromans auf, unerwartet und bedrohlich, ausgerechnet am Tag der Beerdigung meiner

Großmutter, denn auf diese Weise konnte ich die ganze dramatische Handlung in Gang setzen und erklären, unter anderem, wer der junge Kermeur war und wer meine Mutter und wer meine Großmutter auf diesen einhundertfünfundsiebzig Seiten, denn die gesamte Spannung ruhte auf dem Beginn, insofern, als man sich die ganze Zeit fragte: Wer ist dieser junge Kermeur eigentlich, und was hat er vor?

III

Der junge Kermeur

1

Wir gingen zusammen zur Schule, der junge Kermeur und ich, darum kannten wir uns schon lange davor, ich meine, lange bevor Madame Kermeur die Haushälterin meiner Großmutter wurde. Der junge Kermeur war älter als ich, blieb aber schon sehr früh sitzen, und sehr früh landeten wir in einer Klasse. Ich bin sitzengeblieben, so sagte er, weil ich an das Schulsystem nicht angepasst bin. Und stolz wiederholte er das, nicht angepasst. Immer die Unangepasstheit im Hinterkopf behalten, sagte er. Das war sein Lieblingssatz, oder sagen wir mal einer von seinen Lieblingssätzen.

Aber wenn mir einer gesagt hätte, dass wir uns nach all der Zeit einmal wiedersehen würden, sagte der junge Kermeur, und dann noch unter so unwahrscheinlichen Umständen.

Und er hatte Recht, es war unwahrscheinlich, dass wir uns wieder begegneten. Aber es ist geschehen. Es geschah exakt an dem Tag, als ich unter meiner Großmutter einzog, genau an dem Tag, dabei hatte ich den jungen Kermeur seit fünf Jahren nicht mehr gesehen, kaum hatte meine Mutter den Lieferwagen auf dem Gehsteig geparkt, dann die Arme voller Kartons, kaum hatte ich begonnen, alles auszuladen, da kam eine Gestalt um die Ecke, und ich erkannte sofort, wer das war. Meine Mutter nicht, ich aber schon, obwohl es Jahre her war, wusste ich sofort, wer das war, und ich wusste sofort, dass er mir auf die Schulter klopfen würde. Der junge Kermeur ist einer von der Sorte, die einem, den sie seit fünf Jahren nicht mehr gesehen haben, auf die Schulter klopfen.

Ach was, du hier?, fragte er und klopfte mir auf die Schulter.

Ja, klar, sagte ich, ich zieh hier ein.

Wie, hier ins Erdgeschoss?

Ja, sagte ich, meine Großmutter wohnt darüber, und meine Eltern gehen weg, also zieh ich hier ein, unter meiner Großmutter.

Ach klar, sagte er ziemlich laut, wegen deinem Vater, was?

Und ich sagte sehr verhalten, ja, genau, wegen meinem Vater.

Wer ist das denn?, fragte meine Mutter diskret, als sie hinter mir langkam.

Aber Mutter, das ist doch der Sohn von Madame Kermeur.

Und sie drehte sich auf dem Absatz zum Lieferwagen um, denn sie hasste den jungen Kermeur seit unserer gemeinsamen Schulzeit, und vor allem wegen der Sache mit dem Supermarkt. Die Sache mit dem Supermarkt, die muss ich ja erst noch erzählen, auch wenn das meiner Mutter nicht gefallen wird, aber ich muss sie notgedrungen erzählen, wegen dem, was danach kam.

Also, Kermeur und ich, wir waren zusammen in der Schule, und meine Mutter holte mich nachmittags von der Schule ab, außer freitags, denn freitags spielte sie immer mit den Gattinnen der Stadt Bridge, wegen ihrem Bridge konnte sie mich nicht von der Schule abholen, also musste ich zu Fuß nach Hause gehen. Freitags also sorgte das Schicksal oder sagen wir mal der geographische Zufall dafür, dass der junge Kermeur und ich ein Stück Weg gemeinsam hatten. Und ganz gewiss sorgte der geographische Zufall dafür, dass wir manchmal im Supermarkt vorbeigingen, um eine Tafel Schokolade zu kaufen. An diesem speziellen Tag also hatten wir besonders Lust auf Schokolade, aber Geld hatten wir keines dabei. Und da hatte der junge Kermeur die schlechte Idee, wir könnten uns ja so behelfen, ohne Geld, und trotzdem Schokolade essen, was bedeutete, dass wir welche stehlen sollten. Natürlich war das für mich das erste Mal, für den jungen Kermeur nicht, für mich doch.

Ich weiß noch, wie ich mich schon vorher überallhin umdrehte, weil ich das Gefühl hatte, die ganze Stadt beobachte uns, und als ich dann in den Supermarkt kam, als die Schiebetüren aufgingen, da stand mir bereits auf die Stirn geschrieben, dass es schlecht ausgehen würde. Wie auch immer, ich folgte dem jungen Kermeur bis zum Schokoladenregal mit der festen Absicht, wie er eine Tafel Schokolade zu stehlen. Und als kein Mensch in Sicht war, als wir uns vergewissert hatten, dass auch wirklich kein Mensch in Sicht war, steckten wir Schokolade ein. Und der junge Kermeur lachte, und er sagte, los, nimm noch welche, dabei hatte ich mir schon zwei Tafeln in den Hosenbund gesteckt und er mindestens doppelt so viele, und drei in meine Manteltasche, und er wieder mindestens doppelt so viele. Und ich schaffte es sogar, wie er dabei zu lächeln.

An dem Punkt waren wir also, genau an dem Punkt, als ich sah, dass der junge Kermeur plötzlich zur Seite schaute, fast wie eine Möwe, so ruckartig, und ich sah reflexartig dahin, wo er hinsah, und da sah ich einen großen, dunklen Schatten, der sich sachte näherte und schon auf uns fiel.

In Wirklichkeit kam er natürlich sehr schnell auf uns zu, aber in meinem Kopf lief von da an alles in Zeitlupe ab. In Zeitlupe legte mir der Wachmann die Hand auf die Schulter, in Zeitlupe sagte er, kann ich dir helfen, Kleiner?, und hob mich zugleich an der Kapuze meines Mantels hoch, und zugleich fing ich an zu zittern, das weiß ich noch, ich hatte gerade noch Zeit zu denken, dass das ein Albtraum war und ich sicher gleich aufwachte und dass dieser Mann viel zu groß und zu dunkel war, um echt zu sein, und dass ich nicht wirklich in den Supermarkt gegangen war und dass er mich nicht gerade hochhob wie einen Sack Zement.

Aber im Gegenteil. Und alles drehte sich um mich, die Lichtstreifen der Neonlampen, das große verschwommene Metall der Regale und der schwarze Schatten des Wachmanns in meinen Augen, nichts sah mehr aus wie gewohnt, und ich hörte mich nur noch schreien, dass er mich loslassen solle, lassen Sie mich los, schrie ich.

Ich frage mich, was man im normalen Leben erlebt, denn das hat mit solchen Momenten überhaupt nichts zu tun, den Momenten des Lebens, in denen wirklich etwas passiert, wo die Welt auf einen Schlag verstummt, wo sogar im eigenen Inneren alles stehen bleibt, die Zeit bleibt stehen, die Gedanken, die Nerven, und alles ist abgeriegelt, wattig, wie unwirklich, ja, wie unwirklich, obwohl es dann eben wirklich ist.

Ich rief mehrmals um Hilfe, in der Hoffnung, der junge Kermeur würde etwas tun, und in dem Moment sah ich, dass der junge Kermeur nicht mehr da war, er war weggeflogen, wieder wie eine Möwe, denn er hatte früher als ich gesehen, dass der Wachmann ankam. Und schon als der Wachmann mit dieser Höhlenstimme sagte, kann ich dir helfen, Kleiner?, als er das sagte, genügte der Moment, in dem ich mich zu ihm umdrehte, zum Wachmann, dann wieder zum jungen Kermeur, um ihn zu fragen, was wir tun sollten, in diesem Sekundenbruchteil war er verschwunden.

Und jetzt war vor mir alles wie ein Tunnel, ich spürte, wie meine Füße über den Fliesenboden schleiften, mein Leib vom Wachmann weggezerrt wurde, der mich halb erwürgte, so zog er wie an einer Hundeleine. Kleines Arschloch, hörte ich und wusste nicht, meinte er mich oder fluchte er, weil der junge Kermeur ihm entwischt war.

Der junge Kermeur sagte hinterher, er sei noch nie im Leben so schnell gerannt, und so weit auch nicht. Er sagte, mit dem Tempo, das er quer durch die Stadt vorgelegt habe, mit dem Tempo würde er mit Sicherheit auch den Schullauf gewinnen, dabei wurde er beim Schullauf immer Letzter. Vor allem darum gehörte ich beim Schullauf auch immer zu den Letzten, weil wir Halt machten und im Gebüsch eine rauchten und ich dann vor ihm weiterlief, um keinen Verdacht zu wecken.

Meine Mutter wunderte sich immer, dass ich bei den Letzten war, sie hätte sich gewünscht, ich würde Erster, natürlich. Sogar bei solchen Sachen musste sie sich am Ende meinetwegen schämen, so sehr, dass ich an den Tagen des Schullaufs schon vorher wusste, dass sie mich bis abends nicht mehr beachten würde, weil sie vor den anderen Müttern gedemütigt war, vor allem vor den Müttern der Schüler, die als Erste ins Ziel kamen.

Ich glaube, du hast keinen guten Umgang, sagte meine Mutter, ich glaube, dieser Kermeur färbt ab.

Damals kannte sie die Mutter vom jungen Kermeur noch nicht, aus dem einfachen Grund, weil meine Großmutter Albert noch nicht kannte, aber meine Mutter wusste trotzdem, dass Madame Kermeur Putzfrau war, und aufgrund dieser Tatsache war sie für meine Mutter kein guter Umgang. Wenn einer damals zu meiner Mutter gesagt hätte, Madame Kermeur würde mal die Haushälterin meiner Großmutter werden, das hätte sie im Leben nicht geglaubt.

Aber als sie sah, wie ich dem jungen Kermeur nach der Schule die Hand gab, also die Freundschaft von diesem Kermeur annahm, da musste sie unbedingt zu mir sagen, ich hätte mir den Schlimmsten ausgesucht, natürlich.

Ich habe ihn mir nicht ausgesucht, Mutter, ich habe mir nie den jungen Kermeur ausgesucht. Er ist am ersten Schultag nach den Ferien einfach auf mich zugekommen, ist auf mich zugekommen und hat gesagt: Du wirst mein Freund, weil du es verdienst.

Ich hab nie begriffen, warum das so gelaufen ist, warum ich das verdient haben sollte, das Schlimmste ist, dass ich ihn das nie gefragt habe, weder damals noch später, das war mein größter Fehler, für den ich offenbar bis heute bezahlen muss, weil ich nicht den rettenden Impuls hatte, nein zu sagen, zu sagen, das ist nett, danke, aber ich will deine Freundschaft nicht. Nein, wir waren nicht, was man Freunde nennt. Und alles hätte bleiben müssen wie zuvor, wie auf den ersten Blick, nur gibt es eben immer Leute, denen der erste Blick nicht genügt. Statt dass alles ab dem ersten Mal friedlich feststeht, statt dass sich vom ersten Mal eine öde Ebene endlos weit erstreckt, müssen sie unbedingt eine Freundschaft erfinden, die es gar nicht gibt.

Und das hatte meine Mutter restlos begriffen, ich meine, restlos begriffen, dass der junge Kermeur der übelste Pennäler war. Man muss in allem der Beste sein, sagte sie zu mir. Das war noch vor der Sache mit dem Supermarkt. Nach der Sache mit dem Supermarkt hat sie das nie wieder gesagt. Ab dem Tag hat sie mir überhaupt nichts mehr zugetraut, und in gewisser Hinsicht ist das auch ganz gut so, in gewisser Hinsicht hat mich der junge Kermeur vor meiner Mutter gerettet, so analysierte ich sehr viel später in meinem Familienroman – ich meine, nicht direkt in meinem Familienroman, sondern in all den sagen wir psychologischen Aufzeichnungen, die in meiner Geschichte nichts zu suchen hatten, die ich aber trotzdem unbedingt aufschreiben musste, um die Lage zwischen mir und mir zu klären, oder besser, zwischen mir und meiner Mutter.

An dem Tag also, um auf die Sache mit dem Supermarkt zurückzukommen, zogen die Neonlampen horizontal über mir dahin, der Wachmann riss mir fast den Hals ab und im Radio lief Johnny Hallyday, aber ich kann heute nicht mehr sagen, erinnere ich mich daran oder erfinde ich das, denn ich erinnere mich nur noch daran, wie der Wachmann sagte: Jetzt gehen wir mal den Direktor besuchen, der wird dir was erzählen.

Er sagte das, dann richtete er mich auf, indem er mich am Ohr zog, er riss mir das Ohr ab, damit ich mich hinstellte, damit ich mich nicht mehr über die staubigen Fliesen schleifen ließ, er sagte wieder, kleines Arschloch, und diesmal wusste ich, er meinte mich. Dann deutete er auf das verglaste Büro überm Eingang, und er fügte hinzu: Schau, du wirst schon erwartet. Und er hatte Recht, da war er, der Filialleiter, die Arme im Rücken verschränkt, starrte er mich von oben hinter seiner Glasscheibe an, lächelnd, als hätte er einen richtig guten Tag. Und natürlich weinte ich, natürlich heulte ich, und wahrscheinlich schaute der ganze Laden mich an.

Aber alles, was ich sagen konnte, als ich in das Büro des Filialleiters kam mit den Schokoladentafeln, die mir auf den Bauch drückten, ganz wie ein paar Kilo Kokain am Zoll, denke ich mir, da sagte ich, bitte rufen Sie nicht die Polizei, schicken Sie mich nicht ins Gefängnis, bitte, schicken Sie mich nicht ins Gefängnis!

Aber natürlich nicht, mein Junge, natürlich nicht, sagte der Filialleiter. Und er fügte hinzu: So, jetzt sag mal, mein Junge, du hast die Schokolade doch sicher bezahlen wollen, hm?

Auf diese Frage, das habe ich später begriffen, muss man immer ja sagen, muss man immer sagen, das ist ein Missverständnis und man will sofort bezahlen. Aber doch niemals aus Ehrlichkeit sagen, dass man stehlen wollte. Was ich an dem Tag aber tat, mangels Erfahrung tappte ich in die Ehrlichkeitsfalle, unter Tränen sagte ich, ich gestehe, ich wollte sie stehlen, das hätte ich nicht tun sollen.

Aus dem Abstand, von heute aus gesehen, frage ich mich, ob mir die Polizei nicht lieber gewesen wäre, wegen des Direktors, wegen des Siegelrings an seinem Zeigefinger vor allem, den er mit bösartigem Genuss nach innen drehte, wie es sich gehört, seine Hand ausrichtete, um mir gehörig eine zu ballern, eine rechts, eine links, und dann noch zwei.

Das ist vom Laden, sagte er, und hier kommen noch ein paar von mir persönlich, und er machte weiter, mit der Präzision eines Tennisspielers.

So, jetzt können wir deine Mutter anrufen.

Sie ist nicht zu Hause, weinte ich, sie ist beim Bridge.

Er lachte laut heraus, der Filialleiter, wegen dem Bridge natürlich. Aber ich musste ihm die Nummer vom Bridgeclub geben, man musste meine Mutter stören, und ich sah schon vor mir, was für ein Gesicht sie ziehen würde vor ihren Freundinnen, ich stellte mir schon ihre hektische Atmung vor und ihre Zustände.

Sie sagte dann nichts, meine Mutter. Sie hat seither nie mehr etwas gesagt. Bis abends hatte sie ihre Erstickungsanfälle und sagte kein Wort. Aber am nächsten Morgen war der junge Kermeur auf einer anderen Schule.

Nicht ich musste die Schule wechseln, sondern der junge Kermeur. Meine Mutter hatte ihre Verbindungen zur Direktorin spielen lassen, und schon war der junge Kermeur auf einer anderen Schule. Am nächsten Morgen war der junge Kermeur auf der öffentlichen Schule angemeldet und nicht mehr auf der privaten, auf die wir gingen, auf die ich weiter gehen würde. Jetzt ist Schluss mit dem schlechten Umgang, sagte meine Mutter.

Aber du bist schuld, sagte ich später zu meiner Mutter, dass ich schlechte Kontakte hatte. All das wäre nicht passiert, wenn ich gleich auf der öffentlichen Schule gewesen wäre, lachte ich ihr Jahre später ins Gesicht. Tatsache ist, dass ich nach dem, was ich immer die Sache mit dem Supermarkt nenne, den jungen Kermeur fünf Jahre lang nicht zu Gesicht bekam.

An dem Tag, als ich den jungen Kermeur dann wiedersah, sagte ich gleich zu ihm, dass ich wegen dem Supermarkt niemals ein Sterbenswörtchen verraten hatte, niemandem, doch das stimmte nicht: In Wirklichkeit hatte ich meiner Mutter alles erzählt. Dem Filialleiter natürlich nicht, aber meiner Mutter alles. Kaum hatte sie mich wortlos ins Auto geschubst und die Tür hinter mir zugeworfen, da sagte ich schon, ich hätte mich reinlegen lassen, der junge Kermeur sei schuld, ich allein hätte so was niemals gemacht.

Aber egal, sagte ich später zum jungen Kermeur, man musste ja kein Hellseher sein, um zu wissen, dass du mich da reingezogen hattest.

Die ganze Schule wusste, dass der junge Kermeur ein Dieb war, nicht nur im Supermarkt, auch im Klassenzimmer, auch die Schoko-Croissants der Schüler und die Füller, alle wussten das, sagte ich später zu ihm.

2

An dem Tag, als ich bei meiner Großmutter einzog, als ich den jungen Kermeur zum ersten Mal wiedersah, da hatte meine Mutter schon lange die Verbindung zwischen ihm und dieser Madame Kermeur erkannt, die jetzt die Zugehfrau meiner Großmutter war. Sobald meine Mutter den Namen Kermeur aus dem Munde meiner Großmutter hörte, sorgte sie sich, ob dieser grässliche Kermeur von der Schule am Ende mit der fraglichen Putzfrau verwandt war. Und umso mehr sorgte sie sich, als sehr bald klar war, dass er ganz einfach der Sohn dieser Frau war, eben jener Frau, der sie in den Tagen nach dem Schulverweis des jungen Kermeur so sorgfältig aus dem Weg gegangen, ja, vor der sie sogar geflohen war.

Doch was sollte sie sagen, damals oder später, denn natürlich hatte sie die Sache mit dem Supermarkt unter den Teppich gekehrt und hatte den Vorfall niemals jemandem erzählt, schon gar nicht, nachdem sie alles unternommen hatte, damit der junge Kermeur der Schule verwiesen wurde, alles unternommen hatte, um Madame Kermeur von ihrer Mutter zu entfernen, ohne Erfolg.

An dem Tag also, die Arme voller Kartons, machte sie angesichts des jungen Kermeur, der jetzt groß geworden war, auf dem Absatz kehrt, als Ausdruck ihrer inneren Rage. Aber den jungen Kermeur konnte es nicht weiter aus der Fassung bringen, dass meine Mutter ihm den Rücken zuwandte, im Gegenteil, er sagte ohne zu zögern, und zwar sagte er es sehr laut, damit sie es auch hörte: Mann, die schaut ja, als hätte sie einen faulen Fisch verschluckt!

Natürlich hörte sie das. Da ging sie zu ihm hin, überrascht, so etwas über sich zu hören, und fragte in ihrem ganz eigenen Ton, finster und eiskalt ungemütlich, reden Sie von mir, junger Mann? Und im Glauben, sie könne ihn verjagen, wie man einen Lakaien wegwedelt, fügte sie hinzu und meinte wohl, das klinge würdevoll und von oben herab: Lassen Sie sich ja vor diesem Haus nicht mehr blicken, gehen Sie Ihres Weges, junger Mann! Gehen Sie Ihres Weges!

Und alles, was ich bei diesem Auftritt tun konnte, war, mir das Lachen zu verkneifen, was mir schwerfiel, denn dieser Ausdruck, als hätte sie einen faulen Fisch verschluckt, da wäre ich fast losgeplatzt, sogar heute noch muss ich laut lachen, mir einen faulen Fisch im Mund meiner Mutter vorzustellen, ihr weit offener Mund, und dann schluckt sie ihn runter, wie andere Leute Vitaminpillen nehmen für die Gesundheit, da muss ich einfach lachen.

Also habe ich diese Szene in meinem Familienroman haarklein geschildert, und natürlich musste ich darüber lachen, obwohl mir überhaupt nicht zum Lachen war, um meinetwillen, denn genau von diesem Tag an sah ich den jungen Kermeur regelmäßig wieder, sah ihn wieder, ohne es zu wollen, nur wegen seiner Mutter, die bei meiner Großmutter arbeitete, und wegen der plötzlichen Zuneigung, die er mir gegenüber an den Tag legte. Von dem Moment an ist es sehr schnell den Bach runtergegangen, der junge Kermeur lauerte jeden Abend vor meinen Fenstern und kam rein, als ob er hier zu Hause wäre, meine Mutter lauerte auch, aber per Telefon, jeden Abend rief sie mich aus Südfrankreich an, damit ich ihr bewies, dass ich zu Hause war und mich nicht Bier trinkend in Kneipen herumtrieb, wie sie es befürchtete und vermutete, wenn sie zum Telefon griff, jedes Mal die Vermutung, ich sei nicht zu Hause, fast hoffte sie es wohl im Stillen, dass ich mich mit dem jungen Kermeur auf der Straße und in den Kneipen herumtrieb.

Selbst da unten im Languedoc wusste meine Mutter immer, dass ich ihn wieder sah, obwohl ich nie auch nur die kleinste Anspielung auf ihn machte, wenn sie anrief und auch er sehr darauf achtete, nicht das kleinste Geräusch in der Wohnung zu machen, solange ich mit meiner Mutter sprach, aber ich weiß, sie spürte seine Anwesenheit. Ich weiß es wegen des Umstands, dass sie nie als Erste auflegte. Sie sagte immer: »Also, dann ... bis morgen ...«, aber sie legte nicht auf. Sie hoffte immer, ich würde mich verraten, ich würde in der Sekunde, in der sie schon schwieg, aber nicht aufgelegt hatte, etwas über sie zum jungen Kermeur sagen. Aber darauf bin ich nie hereingefallen. Manchmal trieb ich das Spiel so weit, dass ich den Hörer noch fünf Sekunden hochhielt, mir mit dem jungen Kermeur schweigend zugrinste, ohne ein Wort, ohne dass sie je etwas anderes zu hören bekam als das Geräusch des Auflegens.

Aber du hättest das verstehen müssen, Mutter, dass in dieser ganzen Geschichte der junge Kermeur zur Möblierung gehörte, mit der Landschaft verwachsen war wie die Felsen an der Spitze der Bucht, wie die Einkaufsmusik im Supermarkt.

Im Grunde, sagte der junge Kermeur oft, werde ich niemals verstehen, warum deine Mutter mich nicht leiden mag. Und weil ich wusste, was er hören wollte, antwortete ich häufig, ganz ohne zu lächeln: Meine Mutter mag keine armen Leute.

Was denkst du denn, sagte ich sogar eines Tages, warum meine Mutter unbedingt wollte, dass ich hier unter meiner Großmutter einziehe? Ich kann dir sagen, warum, es ging ihr nicht um mich und um mein Wohlergehen, das war nicht aus Rücksicht auf mich, nein, sie hat mich hier untergebracht, um ihre eigene Mutter zu überwachen. Aber indem sie ihre eigene Mutter überwachte, fügte ich hinzu, überwachte sie auch deine. Und indem sie deine Mutter überwachte, fügte ich dann noch hinzu, hat sie auch dich überwacht.

Er sagte nichts darauf, der junge Kermeur, dies eine Mal, denn er wusste, ich hatte Recht. Als die Möglichkeit aufkam, dass ich im selben Haus wohnen konnte wie meine Großmutter, da war das trotz all ihres Unbehagens, dass ich nicht mit ihnen nach Südfrankreich zog, natürlich eine große Beruhigung für meine Mutter und schließlich und endlich eine ausgezeichnete Sache, denn für meine Mutter, so erklärte ich dem jungen Kermeur, ist die Welt sehr einfach, für sie ist die Welt eine Art großer Kreis, in dessen Mitte ist ein Berg aus Geld, und immer kommen irgendwelche Leute in den Kreis hinein und wollen den Berg besteigen und ihre Fahne darauf pflanzen. Und in ihrer eigenen kleinen Welt gibt es Alberts Geldberg und Leute, die einen Kreis drumherum bilden und diese Welt beim kleinsten Fehler zu zerstören drohen.

Darum war sie sozusagen höchst besorgt und beunruhigt, dass ich zwölfhundert Kilometer weit weg war, aber schließlich bin nicht ich weggezogen, sagte ich zu ihr am Telefon, du bist weggezogen, Mutter, nicht ich. Normalerweise werden die Kinder irgendwann flügge und verlassen das Nest, nicht andersherum, normalerweise lassen die Eltern ihre Kinder nicht sitzen, aber du, Mutter, du hast mich im Nest sitzenlassen, dabei war ich noch nicht mal trocken hinter den Ohren.

Das war eine von ihren Redewendungen, trocken hinter den Ohren. Schau sich mal einer diesen Wicht an, sagte sie, da war ich schon fünfzehn, ist noch nicht mal trocken hinter den Ohren, will aber schon einen auf großer Kerl machen. Aber du bist weggegangen, wiederholte ich, du hast mich sitzenlassen, und wohin bist du? Nach Südfrankreich.

Bevor sie wegzog, ließ meine Mutter einen Spion in meiner Wohnungstür einbauen, einen echten Spion, durch den ich kontrollieren konnte, wer zu mir hereinwollte. Und ich mochte so oft sagen, wie ich wollte, sie könne tun, was sie wolle, ich würde nie, niemals durch diesen Spion schauen vorm Aufmachen, ich konnte mich aufregen, nutzlos, sie ließ es sich nicht ausreden. Sie wusste, wenn der Spion drin wäre, würde ich auch durchschauen. Und nicht nur, dass ich nachschauen würde, wer bei mir geklingelt hat, ich würde auch nachschauen, wer sonst so kam und ging. Sobald ich die Haustür hören würde oder Schritte auf der Treppe, sofort würde ich an den Spion rennen und nachschauen, wer da kam und ging. Und zehn Mal täglich schaute ich durch den Spion, jeden Tag aufs Neue, so lange ich in meiner Hundehütte wohnte, ja, sagte der junge Kermeur, deine Mutter ist mächtig, sie hat dich zum Wachhund gemacht.

Er hatte Recht, der junge Kermeur, ich war der reinste Wachhund geworden, ein Hausmeister in einer Wohnung ohne Licht, der hört, wann die Tür auf- und zugeht, der die Päckchen entgegennimmt, der den Hauseingang fegt und dabei die Nachbarn grüßt.

Und meine Mutter stellte sich immer vor, dass eine alleinstehende reiche Frau wie meine Großmutter, dass es mit der schlimm enden müsste, dass sich falsche Anstreicher bei ihr Zutritt verschaffen, sie fesseln und ihre Wohnung ausräumen würden. In Wirklichkeit aber dachte sie, eines Tages würden Madame Kermeur und ihr Sohn kommen und das Erbe in einem Koffer davonschaffen.

Wenn meine Mutter sich die Situation ausmalte, in genau diesen Worten, dann erlitt sie sofort einen von ihren Anfällen, Tetanie, so nennen es die Ärzte, und dann musste sie sich eine Plastiktüte über den Kopf ziehen und da reinatmen. Jedes Mal, wenn ich meine Mutter mit einer Plastiktüte überm Kopf sah, dann war es, als ob ich ihre Gedanken lesen könnte, dann wusste ich, dass sie mal wieder das Erbe vor ihren Augen hatte davonfliegen sehen. Sogar am Telefon hörte ich genau, wie sie manchmal eine Plastiktüte danebenlegte, für alle Fälle. Falls ich ihr mitteilen würde, ja, diesmal hat Madame Kermeur tatsächlich die Wohnung ausgeräumt.

Irgendwann einmal, da hab ich mich nicht mehr zurückhalten können, der junge Kermeur saß neben mir und es stimmt, wir hatten ein bisschen getrunken alle beide, hatten den Wein intus, den er mitgebracht hatte wie jeden Abend, und wie jeden Abend dann also meine Mutter am Telefon, und der junge Kermeur und ich, wir wollten uns ein bisschen amüsieren. Ich sagte, ja, heute sei Madame Kermeur gekommen wie immer, aber sie habe so seltsam ausgesehen, wie jemand, der irgendwas vorhat, wie immer hätte ich sie durch den Spion kommen sehen, mit leeren Händen, aber als sie ging, sagte ich zu meiner Mutter, das sei seltsam gewesen, denn da habe sie ein Köfferchen dabei gehabt, eng an sich gepresst, und ganz eilig habe sie es gehabt. Ich hatte das Telefon laut gestellt, damit der junger Kermeur ihre Reaktion mithören könnte, und natürlich klappte es: Eine kurze Pause, ein jähes Einatmen wie ein Schluckauf, dann das Knistern der Plastiktüte über dem Kopf.

Komm schon, Mutter, sagte ich, das war doch ein Scherz.

Sehr lustig, sagte sie mit von der Plastiktüte gedämpfter Stimme, wirklich sehr lustig, und legte auf.

Den ganzen Abend tranken wir weiter im Kielwasser dieses Scherzes, aber am Ende sagte ich trotzdem zum jungen Kermeur, das kann nicht ewig so weitergehen, schau mich an, sagte ich, wie sehe ich denn aus zwischen diesen beiden verrückten Weibern, den ganzen Tag hinter meinem Spion? Als Auge des Teufels?

Und ich weiß nicht, welcher Tag es war, der dafür sorgen wollte, dass sich das alles ändert, aber ich weiß, dass sich heute in meinem Kopf alles mischt wie eine einzige lange Gegenwart, in der alle Stunden und Jahre gleich schwer wiegen, ich weiß, dass der Gedanke an Paris und den Wind in den Straßen, dass Kermeurs Lachen und die wilden Gezeiten des Meers, dass das alles unter meinem Schädel sitzt wie die Wände einer Bibliothek, die jemand umgestürzt hat.

Jedenfalls, in einem Punkt hat meine Mutter Recht, diskutierte ich noch mit dem jungen Kermeur, nämlich dass ich ein Intellektueller bin und dass ich in meiner Eigenschaft als Intellektueller ein Recht auf Konzentration habe. Das Recht habe ich, seit ich neun war, verstehst du, seit ich weiß, dass ich kein Profifußballer werden kann, und im Leben eines Kindes von neun Jahren gibt es recht bedacht nicht fünfzig verschiedene Möglichkeiten, Fußballer oder Schriftsteller, so sieht das aus im Kopf eines Neunjährigen. Wenn ich Geld hätte, weißt du, wenn ich nur ein bisschen Geld hätte, wäre ich schon lange weg.

Aber der junge Kermeur, das weiß ich noch sehr gut, der sagte, statt meinen Satz stehen und mir meine Gedanken zu lassen wie so oft, stattdessen sah er mich an und sagte: Du hast doch Geld …

Das sagte er, der junge Kermeur, und ich sah ihn an wie noch nie, denn mir war klar, dass er eine Idee im Hinterkopf hatte, mir war klar, dass er etwas Wichtigeres sagen wollte, dass dieser Satz seit Wochen in seinem Schädel gereift war, bevor er ihn sagte, mit anderen Worten, bevor er spürte, dass die nötigen Bedingungen, um ihn zu sagen, perfekt gegeben waren.

Horch mal im Ernst, sagte er, deine Großmutter, was will die eigentlich mit ihrem Vermögen?

3

Diese Frage, das stimmt schon, stellte sich allen, seit Albert die Augen geschlossen hatte. Was würde sie mit dem Geld machen, wie würde sie das fragliche Vermögen nutzen, aber nutzen ist nicht der passende Ausdruck: aushalten, das fragliche Vermögen aushalten, das Gewicht des Goldes und der Möbel, der Kontoauszüge und der allzu schweren Steuerlast. Ebenso wie einhundertsechzig Quadratmeter mit Blick auf die Bucht für sie völlig maßlos waren, ebenso schien sie schon verrückt zu werden angesichts dieses Vermögens, das mit einem Mal über sie gekommen war: achtzehn Millionen, anders gesagt eine Milliarde achthunderttausend alte Francs, die aber bald nur noch zwei Millionen siebenhundert Euro sein würden.

Wirklich, was will sie eigentlich mit diesem ganzen Geld?

Und er zog an seiner Zigarette und sagte: Komm schon, ich weiß genau, du denkst genauso oft daran wie ich.

Nein, ich hatte noch nie daran gedacht, aber es war schlimmer als das, in mir kreiste etwas von jenseits des Denkens, eine Art unterirdisches Begehren, das wie telepathisch wirkte, so begriff ich später, und dass ich den jungen Kermeur dazu gebracht hatte, das von sich aus zu denken. Und ausgesprochen hat es dann er.

Aber jetzt senkte sich erst einmal die Nacht über die Stadt und draußen vorm Haus gingen die Laternen an und leuchteten in die Wohnung, jetzt war es vielleicht zehn Uhr abends und die künstliche Helligkeit bildete eine Art Gegenlicht hinter seinem dunklen, verrauchten Gesicht, jetzt konnte ich nicht so recht erkennen, hinter welchem Ausdruck er sich versteckte, aber ich weiß, dass ich das orangefarbene Licht der Nacht nie gemocht habe, das in die Häuser fällt, das Betten, Parkett und Wände beleuchtet, ich habe nie den feuchten Wind gemocht, der bläst und hereinkommt, als wäre er drinnen zu Hause, in jedem Loch.

Mach mal das Fenster zu, sagte ich.

Und er schloss sofort das Fenster, während ich mich auf dem Bett lang machte, die Arme unterm Kopf verschränkt.

Natürlich denke ich daran, sagte ich.

Und nach jedem Satz rauchten wir wie in einem Film, wie wenn in einem Drehbuch steht, dass wir nach jedem Satz lange nachdenken sollen und die erwogenen, dann losgelassenen Sätze einmal die Runde durchs Zimmer machen, bis sie die Luft gesättigt haben, bevor der andere leise weiterzusprechen wagt.

Aber die Polizei, sagte ich, die Polizei wird doch ermitteln?

Natürlich, natürlich wird die Polizei ermitteln, sie wird sogar als Allererstes zu dir kommen, aber wer wird schon einen Enkel verdächtigen, dass er seine Großmutter bestiehlt, die ihn großzügig aufgenommen hat? Die Polizei wird kommen und dich fragen, ob du etwas gehört hast, ob du etwas Auffälliges gesehen hast, und du, du wirst in deinem Sessel da sitzen und unschuldig von deinem Buch aufblicken und friedlich antworten, nein, leider hast du nichts gesehen, wahrscheinlich hast du geschlafen, als es passierte, denn wenn du wach gewesen wärst, dann hättest du auf jeden Fall eingegriffen.

Weißt du, wen sie als Ersten verdächtigen werden?, fragte ich, ich sag's dir: deine Mutter. Und einerseits aus Bösartigkeit, andererseits aus Mitleid fügte ich hinzu, damit er es auch sicher verstand: weil sie die Putzfrau ist.

Hör gut her, sagte er, du bist aus einer rechten Familie, sagte er, und ich aus einer linken, und gerade darum verstehen wir uns so gut, weil du nicht zu einer rechten Familie gehören magst und ich nicht zu einer linken.

Und was heißt das?

Das heißt, dass es klappen wird.

4

Als der Inspektor kam und mich fragte, ob ich etwas gehört hätte, ob ich etwas Auffälliges gesehen hätte, und ich, ich saß in meinem Sessel da und blickte unschuldig von meinem Buch auf und antwortete friedlich, nein, leider hätte ich nichts gesehen, wahrscheinlich hätte ich geschlafen, als es passierte, denn wenn ich wach gewesen wäre, dann hätte ich auf jeden Fall eingegriffen. Ja, man könnte aus der Haut fahren, sagte ich zum Inspektor, aber was will man machen, derjenige welcher war wirklich leise, der hatte den Coup sicher gut vorbereitet.

Und das stimmte, wir hatten den Coup gut vorbereitet. Technisch war alles klar. Psychologisch nicht. Psychologisch ist nichts je klar, technisch schon. Um halb ein Uhr morgens standen wir vor der Tür meiner Großmutter und wussten genau, dass sie seit zehn nach zwölf schlief. Wie jeden Abend hatte ich gehört, dass sie um halb elf ins Bett ging, dass sie sich eine Stunde lang im Bett hin und her wälzte, dann wie jeden Abend um halb zwölf aufstand und unter Selbstgesprächen ins Bad ging, wo sie, das hörte ich wie jeden Abend, die Hausapotheke öffnete, dann die knisternde Verpackung der Schlaftabletten, dann das Rauschen, als sie den Becher voll Wasser füllte, wie sie dann, bereits ruhiger, wieder ins Bett ging und jetzt auf die unfehlbare Wirkung des Mittels wartete, exakt vierzig Minuten, dann fiel sie in einen schweren, tiefen, künstlichen Schlaf, der sie vollkommen wehrlos machte, taub für jedes Eindringen bei ihr, zum Beispiel dafür, wie Kermeur und ich mit Hammer und Brechstange bei ihr hereinkommen.

Aber erstmal holte ich um halb eins den Schlüssel aus der Tasche, und der junge Kermeur sah mich im Halbdunkel an, er schaute mich an, als wäre ich ein etwas seltsames Tier, und er sagte: Du willst doch nicht etwa mit dem Schlüssel aufmachen?

Natürlich, sagte ich.

Natürlich nicht, sagte er. Und schaute mich nicht mehr an, sondern nahm Hammer und Brechstange zur Hand, brach die Tür auf und meinte nur noch abschließend: Das klingt vielleicht ein bisschen widersprüchlich, aber genau so bricht man bei Leuten ein, wenn man nicht geschnappt werden will. Und wir gingen in die Wohnung wie echte Diebe, eine Stablampe in der Hand, auf Zehenspitzen und mit krummem Buckel, wir erforschten die Räume wie Tiefseetaucher, die ihre Lichtbündel in die Nacht richten, die schwarze, jetzt aber von Lichtkegeln erhellte Nacht, und wir bewunderten all das, was wir hätten mitnehmen können, die goldenen Uhren und das Porzellan in den Vitrinen, aber all das würden wir nicht nehmen, sondern nur das Geld, ja, nur das Geld, sagte ich wieder zum jungen Kermeur.

Also machten wir still und leise den Schrank auf, wo sie das Geld aufbewahrte, ebenso wie Albert vor ihr gemäß diesem alten Zutrauen zum treuhänderischen Geld, mehrere Bündel da auf dem Brett über der Kleiderstange, dort, wohin seit Jahrhunderten weder Luft noch Sonnenlicht gedrungen zu sein schienen, ich weiß noch, wie am nächsten Tag der Staub sozusagen aufschreien würde entlang der Rechtecke, die die Leere bezeichneten, wenn ich herkommen und mit meiner Großmutter zusammen räsonnieren und so tun müsste, als wäre ich wie vom Donner gerührt, und sie würde immer wieder jammern: Mein Gott, wenn Albert nur da wäre, wenn Albert nur da wäre.

Aber Albert war nicht mehr da, und wir griffen zu. Wir nahmen sämtliches Bargeld, das da im Schrank vor sich hin schimmelte, genau zweihunderttausend Francs, denn damals waren das noch Francs. Und ich ging schon wieder zur Tür, die Taschen voller Geld, als Kermeur mich beim Ärmel fasste und sagte: Wart doch mal, bleiben wir noch fünf Minuten, wo wir schon mal hier sind, und genießen die Aussicht.

Ich dachte, das sei wieder mal sein merkwürdiger Humor, ich dachte, er meine das ironisch, und sagte: Klar, machen wir, und ging weiter zur Tür. Aber er nicht, im Gegenteil, er hatte sich schon in den dunklen Salon gesetzt, saß schon gemütlich im Halbdunkel, hatte seine Zigaretten herausgeholt und sich ein Glas genommen und wollte sich gerade einen Whisky einschenken.

Komm schon, sagte er.

Hör mal, flüsterte ich, spinnst du jetzt völlig, nichts wie weg hier.

Ah, muss ich mich erst ärgern, oder was, na los, komm, eine kleine Zigarette und ein kleiner Whisky, wir sind doch keine Barbaren!

Und verdrossen oder überzeugt, ich weiß nicht, hörte ich mich sagen, verstört und leer, niedergeschlagen fast: Na gut, einen Schluck dann.

Und ich setzte mich ebenfalls in einen Sessel, nahm auch eine Zigarette und auch einen Whisky. Und ich hörte ebenfalls das regelmäßige Ticken der Uhren und sah undeutlich im Halbdunkel die bronzenen Engelchen, die das Zifferblatt der Wanduhr hielten und uns mit flehenden Blicken aufforderten zu gehen.

Ich schwöre, ich saß lange genug da, um mich zu fragen, was um Himmels willen ich da tat, bei meiner schlafenden Großmutter, und fast das gesamte Leben zog vor ihm vorüber, und er sagte nichts, der junge Kermeur, und vielleicht hatte er selbst es auch vor Augen, eine Art Diorama all dessen, was dafür sorgte, dass wir jetzt hier waren, in zwei Louis-XV-Ohrensesseln, jeder eine Kippe im Mund. Ich weiß nicht, ob ich das schon dort im Salon meiner Großmutter dachte oder erst hinterher beim Erzählen, ja vielleicht beim Erzählen, aber ich weiß, dass ich genug Zeit hatte, um mich zu fragen, was um Himmels willen wir da taten, da nahm der junge Kermeur einen Schluck von seinem Whisky und bemerkte wie nebenbei: Diese ganzen reichen alten Säcke, weißt du, die müsste man eigentlich alle abknallen.

Ich weiß noch, dass ich nicht mal aufblickte, ich dachte, ein Blick, und das Haus stürzt ein, also blieb ich lieber so, starrte weiter auf den schmalen Durchlass, der meinen Blick zwischen Tisch und Whiskyflasche hindurchführte, und ihn spürte ich wie ein Ektoplasma in dem schweren Sessel, er blickte nach draußen auf die wenigen Lichter, die das Meer bevölkerten, wir beide umgeben von für uns zu alten Sesseln, die Kristallgläser auf dem weißen Marmor, so zentral in dem Raum, dass sämtliche Möbel auf sie zu schauen schienen, auf die Äderung des Marmors, wie sich in der Kirche die Menschenmenge vor einer Krippe übers Jesuskindlein beugt.

Ich dachte wieder an die perfekten Stunden, die sie beide, Albert und meine Großmutter, an den langen, wiederkehrenden Nachmittagen hier angesichts des Meeres verbracht hatten, wo jeder Tag, jede Stunde für sie denselben Geschmack haben mussten wie tags zuvor, so denke ich mir das, dieselbe Spucke in denselben Momenten, und die Sonne, die dann ihrerseits pünktlich auf dieselben Beethoven-Noten fiel, durch dieselben Falten der weißen Stores, die die Lichtrechtecke der Fenster aufnahm und sie in der nachmittäglichen Stille auf dem Stabparkett abbildete. Genau das durfte man nicht stören oder durcheinanderbringen, dachte ich, denn danach kommen die Ärgernisse, die Sorgen und der Gedanke ans Sterben, und auch dagegen hatten sie gemeinsam gekämpft.

Gar nicht übel sitzt man hier, sagte Kermeur.

Und diesmal blickte ich auf und wahrscheinlich sah ich aus wie einer, der gar nicht begreift, was er hier tut oder, sagen wir mal, der es nicht begreifen will.

Nein, sagte ich, sondern sogar ziemlich übel, komm, wir gehen, also ich gehe jetzt, ich gehe jetzt runter, und wenn du bleibst, rufe ich die Bullen an und erzähle ihnen, dass bei meiner Großmutter ein Bekloppter sitzt und vor sich hin qualmt. Und natürlich kam er mit, denn im Grunde ist Kermeur genauso feige wie ich. Wie alle, die versuchen, so zu tun als ob, und eines Tages kriegt das Risse und dann kommt es an den hellen Tag, und die angeblich Mutigen sind auf einmal noch viel feiger.

Wir machten hinter uns die Türe zu, als ob nichts wäre, die Geldbündel verstauten wir bei mir, denn wenn sie irgendwo nicht suchen werden, sagte Kermeur, dann bei dir, und da sollte er Recht behalten, niemand ist je auf die Idee gekommen, nicht mal meine Mutter, nachzuschauen, ob das Geld hier bei mir war, unter ihrer aller Augen, oder anzunehmen, ich hätte mit der Sache zu tun.

5

Die Polizei war sehr freundlich zu mir.

Die Polizei war sehr freundlich zu meiner Großmutter.

Die Polizei war sehr freundlich zu allen.

Sogar zu deiner Mutter, sagte ich zum jungen Kermeur, sogar zu der. Dabei nahm der Inspektor mich am nächsten Tag, als wir und Madame Kermeur in der Wohnung meiner Großmutter waren, da nahm er mich auf dem Treppenabsatz beiseite, etwas abseits von ihr, und auch er musste mich fragen, so diskret wie ein Polizist eben sein kann, mich fragen, was ich von ihr, von Madame Kermeur, hielt. Und ich sah sie durch die offenstehende Tür, sah sie, sie hielt irgendein Putzmittel in der Hand, um Haltung zu bewahren, und blickte auf den Boden, der Inspektor wartete auf meine Antwort, aber ich sagte nicht, ich hätte Angst vor ihr, ich sagte nicht, bei Putzfrauen könne man nie wissen, was so einer in den Sinn kommt, sagte meine Mutter, die ist zu allem imstande, dachte meine Mutter. Nein, ich sagte entschieden nichts, im Gegenteil, ich sagte, ich legte meine Hand für sie ins Feuer, ja, Herr Inspektor, ich lege meine Hand für sie ins Feuer, sagte ich. Und er dankte mir freundlich für meine Hilfe. Das ist doch selbstverständlich, sagte ich, es ist doch selbstverständlich, Ihnen zu helfen, stets gern zu Diensten.

Nein, das sagte ich nicht. Ich sagte nur kalt auf Wiedersehen und versuchte, dabei nicht zu zittern, ihm fest die Hand zu geben, ihm in die Augen zu sehen.

Ich sagte überhaupt nicht viel an dem Tag, weder zu dem Inspektor noch zu meiner Mutter, als die auch kam, mit dem ersten Flugzeug des Tages von Montpellier nach Brest, wie ein Wirbelsturm fegte sie in die Wohnung zwischen uns alle, der Inspektor war da und der Arzt auch schon, den meine Großmutter noch vor der Polizei angerufen hatte, und daran hatte sie gut getan, erst ihren Arzt zu rufen, die Hand auf dem Herzen sagte sie zu ihm, man habe ihr alles gestohlen, und jetzt werde sie sterben. So war sie schon immer, meine Großmutter: Sogar wenn sie in Bestform war, schaffte sie es, mit eingebildetem Fieber ihren Arzt an ihr Sterbebett zu rufen. Sogar in den besten Zeiten, in den gesündesten Zeiten löste sie allabendlich ein Aspirin in einem Glas Wasser auf, wegen ihres Herzens, sagte sie, denn das ist gut fürs Herz, das hatte sie in irgendeiner Hausmittelpostille gelesen, Aspirin sorgt für eine gute Durchblutung und verbessert ihren Herzschlag. Doch kein Arzt hatte je an der Stärke ihres Herzens gezweifelt, im Gegenteil, auf ihr Herz konnte sie sich mehr verlassen als auf ihr Hirn, mehr als auf ihre Leber oder ihren Darm, aber ihr Herz ist gesund, wiederholte der Arzt hilflos, ihr Herz ist völlig gesund, sagte er an dem Tag zu meiner Mutter.

Sie, meine Mutter, als Letzte eingetroffen wie ein Regisseur am Drehort, sie begrüßte nicht mal ihre eigene Mutter, sondern erst mal sah sie mich an mit so einem Blick von wegen, wozu wohnte ich eigentlich hier drunter, wenn ich nicht mal einen Einbruch verhindern konnte. Nicht mal als Hausmeister, las ich in ihrem Blick, nicht mal als Hausmeister taugst du. Aber ich las auch im Blick meiner Mutter, sobald sie von ihrer Mutter alles gehört hatte, dass das Ganze für sie schon nach einem Triumph klang, dass jetzt alles anders würde, dass ihre Mutter nicht mehr allein bleiben dürfe, sie sagte: du musst verstehen, in deinem Alter.

Wie in meinem Alter? Was in meinem Alter?, wiederholte meine Großmutter, das Blutdruckmessgerät noch am Arm, und schon wollte er fast steigen, ihr Blutdruck, aber ich hab nicht gesehen, ob die Nadel anfing zu kreisen, als sie das hörte, meine Mutter ließ nicht locker, nein wirklich, sie kann nicht mehr allein bleiben, das ist zu gefährlich, sie frohlockte, dass sie das sagen konnte, während der Arzt versuchte, meiner Großmutter das Blutdruckmessgerät abzunehmen, und sich krampfhaft konzentrierte, um nicht zu meiner Mutter oder zu mir hinzusehen. Und auch ich tat alles, um den Blicken auszuweichen.

Ich weiß nicht, ob ich sofort begriff, welch großer Tag das für meine Mutter war, dass es, wie soll ich sagen, ihr Triumph war. Ich glaube, das begriff ich erst später, an meinem Pariser Schreibtisch, ich begriff, dass die Maschinerie schon lief, dass sie bereits das Ende ihres Exils vor Augen hatte, ja, das Ende des Languedoc-Roussillon.

Und sie redete weiter, natürlich, es sei Zeit, dass sie die Dinge in die Hand nehme, es komme nicht in Frage, mit neunzig allein in dieser Wohnung zu bleiben, eines Tages liegst du erwürgt in deiner Küche, sagte meine Mutter, einfach so, kalt. In dem Moment ging der Inspektor, er spürte, das schaukelte sich auf, so was spüren Inspektoren, wenn es zu familiär wird und man sich besser verdrückt. Und ich wäre gern mit ihm gegangen, als er sagte, gut, ich denke, ich lasse Sie jetzt mal allein, das sind Familienangelegenheiten, denn man musste kein Hellseher sein, um zu wissen, dass sich das jetzt richtig aufschaukelte. Wir waren alle beschämte Zeugen der Szene, reglos wie auf einem Tableau vivant, und warteten, was da kommen würde.

Und ich weiß nicht, es kam ganz plötzlich, plötzlich lief meine Großmutter dunkelrot an und sie trat auf meine Mutter zu, die so tat, als redete sie ganz sanft mit ihr, und warf ihr die schlimmsten Sachen an den Kopf, bezeichnete sie als Abschaum, die weißen Augenbrauen zusammengezogen wie noch nie, und dann erhob sie eine Hand, dann die andere und fing an, ihre Tochter zu schlagen, auf sie einzuschlagen, ja, wie eine Furie, sie schlug meiner Mutter auf den Rücken, ins Gesicht, auf die Brust, mit dieser Kraft, über die alte Menschen verfügen, wenn sie beschließen, sich mit ganzem Leib in die Schlacht zu werfen, ohne sich um die bereits geplatzten Äderchen ihrer Handgelenke zu sorgen, und weil sie genau wusste, dass meine Mutter, ihre Tochter, niemals wagen würde und es auch nicht könnte, sich körperlich zu verteidigen, unter Todesstrafe nicht, dass all das als eine Art kodierter Kampf zwischen Mutter und Tochter ablief, so, wie es schon immer, in der ganzen Menschheitsgeschichte abgelaufen war, und dass sie beide nicht darauf verzichten würden, weder die eine noch die andere, die eine nicht auf die primitive Gewalt ihrer Mutter, die andere nicht darauf, eine hysterische, senile Megäre zu werden.

So tut doch was, sagte meine Mutter, haltet sie fest, sagte sie und schützte sich nur halb, während die andere, die alte Dame, ihre Arme wie Mühlenflügel kreisen ließ, aber niemand griff gleich ein, oh nein, niemand hatte Lust, gleich dazwischenzugehen. Und ich war wie von Anfang an wieder in einen Kindheitszustand zurückgefallen, sah zu, wie die Erwachsenen sich gegenseitig schlugen, und der Arzt sagte, ein Krankenwagen, wir müssen einen Krankenwagen rufen, ich kann hier nichts mehr machen.

Danach ging es sehr schnell. Alles, was im Leben wichtig ist, geht sehr schnell, nicht wahr? Danach war es ganz einfach und fast ganz normal. Der Krankenwagen kam. Meine Großmutter rannte auf Socken in der Wohnung herum, wie ein Huhn, das ein paar Kinder in die Ecke treiben wollen, meine Mutter barg den Kopf in den Händen wie ein kleines Mädchen, das angeblich nichts mehr sehen will, dann die Arme der Sanitäter, dann die nutzlosen Worte, das »Beruhige dich doch« unter Tränen und von Geschrei übertönt, dann die offene Tür der roten Ambulanz, das Blaulicht, immer noch Geschrei und dann die Beruhigungsspritze.

6

Ich bin mit ihr, mit der alten Dame, im Krankenwagen gefahren, sie lag auf der Trage, fest verzurrt, falls ihr einfallen sollte, während der Fahrt abzuspringen, in dem stillen Wagen, der sie ein ganzes Stück weit fuhr, ins geriatrische Krankenhaus, weit weg für ihre Verhältnisse jedenfalls, rasch über die vierspurige Schnellstraße am Meer entlang, das sie aber nicht sehen konnte, da sie hinter den Milchglasscheiben des Wagens lag, und das ausgerechnet an ihrem neunzigsten Geburtstag.

Es war reiner Zufall, dass das alles auf ein und denselben Tag fiel, aber es ist vielleicht normal, dass bei der Anzahl von Ereignissen im Leben, wo die Dinge wirklich durcheinandergeraten durch Tod oder Umzug, da ist es vielleicht normal, wenn es von Zeit zu Zeit so ein ironisches und brutales Zusammentreffen gibt. Wie zum Beispiel dasjenige, das meine Großmutter an einem Tag zu einer Neunzigjährigen und zur Dementen machte, vor allem aber zur Dementen, denn an dem Tag, so viel ist sicher, hat sie an ihren Geburtstag nicht gedacht.

Es gab auch nicht unbedingt so vieles, das sie daran erinnert hätte: Um zwei Uhr nachmittags kamen die beiden Sanitäter, ein Routineeinsatz, und schafften sie auf der Trage raus, sie sagten nicht »Herzlichen Glückwunsch zum Geburstag«, sondern eher was in der Art wie »auf geht's, junge Frau, wir haben einen weiten Weg«, und sie, ordentlich ruhiggestellt dank der geeigneten Medikation, hat weder herumgeschrien noch gezappelt, war ebenso überrascht wie schläfrig, sie wusste nicht mal, was sie sagen sollte, denn die Dosis war kräftig, die Spritze hatte sie in einen Zustand des Halbbewusstseins versetzt, um ihre Nerven zu schonen. Dann lieferten sie sie dort ab, in der Geriatrie, in einem desinfizierten Zimmer mit einem etwas schweren, etwas betäubenden, etwas kampferigen Geruch nach Alter.

Der Geruch des Kampfes gegen den Tod, dachte ich, als ich hinter ihr her in dieses Zimmer kam, wo sie gleich aussah, als würde sie schon seit Stunden an die Wand starren, ihr Blick fiel auf den einzigen Strauß Trockenblumen, der als Pseudo-Zimmerdekoration unter dem an der Wand hängenden Fernseher verstaubte, auf den sie bereits starrte, oder sagen wir, sie tat so als ob. Ich setzte mich, niedriger als sie, in den einzigen Sessel des Zimmers, und ich weiß noch, ich sprach verworrene Sätze wie einen unsichtbaren Stoff, den ich über ihrem Bett spann, sie immer noch reglos, gefangen inmitten der wenigen Wörter, die aus meinem Mund kamen, wie »weggehen«, wie »unvorhergesehen«, wie »nie wieder«, die ich in einer Endlosschleife auf sie niedergehen ließ, auf die Wände und das Fenster, das schon ganz verdunkelt war von allzu vielen Wörtern, die wie Efeu an den Scheiben emporrankten, in der Leere und dem Lärm, doch dem Schweigen gegenüber, ihrem Schweigen, das sie mir die ganze Zeit entgegenhielt. Ich konnte erzählen, so viel ich wollte, von meiner Mutter und Südfrankreich, von mir und Paris, sie sagte nichts. Ich sah wohl, dass sie verstand, was ich sagte, ohne mich anzusehen, den Blick mehr oder weniger auf die Figuren einer nachmittäglichen Fernsehsendung fixiert, und es fehlte nicht viel, dass ich hätte mit einem Sack voll Geld zurückkommen wollen, einem Koffer voll mit ihrem Geld, den Scheinen, die ich durchs Fenster hätte hereinfliegen lassen, so hoch war die Mauer zwischen ihr und mir schon, du müsstest einfach wissen, dachte ich, du müsstest wissen, was passiert ist, dass ich allein das natürlich niemals getan hätte, dass der junge Kermeur mich da reingetrieben hat, nein, dass meine Mutter uns da beide reingetrieben hat, all das, dass es wenig gebraucht hätte, um die Stunden rückwärts laufen zu lassen und alles wieder einzurenken, das Geld in dem Schrank natürlich und vor allem du in deiner neuen Wohnung, deiner neuen Wohnung mit Blick auf die Bucht. Aber natürlich sagte ich nichts, ich erinnere mich, dass ich nichts sagte, dass ich aufstand und ging, dass ich nur dachte: So, jetzt nehme ich meine Sachen und gehe, diesmal gehe ich weg.

7

Dass ich weggehe, das hätte ich am nächsten Tag auch meiner Mutter erzählen wollen, als wir unbedingt zusammen mittagessen mussten, bevor sie wieder nach Südfrankreich flog, und sie bestand darauf, mich einzuladen, damit wir uns ein bisschen unterhalten konnten, weil wir schon so lange nicht mehr unter vier Augen miteinander geredet hatten, und rat mal, wohin sie mich mitgenommen hat, sagte ich zum jungen Kermeur, darauf kommst du im Leben nicht: An denselben Tisch in der Nähe des Eingangs, zu denselben einsamen Witwen, zu denselben alten Admirälen, die nie sterben.

An dem Tag saßen wir auf unseren Stühlen aus Armeebeständen, gespannt wie zwei Steinschleudern nach den aufregenden Stunden, wir versuchten, uns nicht aufzuregen, sie wirkte, als hätte sie Beruhigungsmittel genommen, bevor sie kam, und wahrscheinlich hatte sie genau das getan, denn eines fürchtete sie mehr als alles andere, nämlich hier, im Cercle Marin einen Tetanie-Anfall zu bekommen und sich vor aller Welt eine Plastiktüte über den Kopf ziehen zu müssen.

Hör mir gut zu, sagte sie, ich werde nicht zulassen, dass die Polizei die Sache ungelöst zu den Akten legt, es kann nicht so schwer sein, den Täter zu finden, in der Nähe deiner Großmutter gab es verdächtige Personen, bestimmte Personen, die aus bestimmten Gründen ihre Nähe suchten, man müsste nur schauen, wer zuletzt bei ihr war, dann wüsste man schon, in welcher Richtung zu suchen ist. Sie sagte all das, sie dachte es laut, und sie brauchte die ärgerlichen Namen nicht mal auszusprechen, mir war alles schon sehr klar. Es war sehr klar, dass sie den jungen Kermeur verdächtigte.

Ich kann nicht sagen, was ich in dem Moment dachte, ich weiß nur noch, wie mein Hirn sich in zwei Teile teilte, entsetzt natürlich wegen der schrecklichen Idee meiner Mutter, erleichtert natürlich wegen ihrer genialen Idee und ihres Beharrens, dass man allen und jedem misstrauen müsse, so sagte sie, sie komme gerade vom Hauptkommissar, habe mit ihm bestimmte Einzelheiten besprochen. Hör mal, sagte sie, der Kommissar sieht es so wie ich, darum erzähle ich dir das, denn ich bin sicher, dass dein Freund, dieser Kermeur da, ja, alle wissen, dass das ein Dieb ist, und du kannst dir denken, dass ich dem Kommissar die Sache mit dem Supermarkt erzählt habe.

Was sollte ich da entgegnen, saß ihr da ein bisschen blass gegenüber, die Gabel im Schwung gebremst, überfordert von ihren Sätzen, die wie seit Jahren befahrene Autobahnen in ihrem Kopf verliefen und nur auf die Gelegenheit warteten, real zu werden. Sie machte kaum eine Pause und sah mir tief in die Augen, fast flehend: Bitte, Schatz, wenn du etwas weißt, wenn du irgendetwas weißt …

Oh, na ja, den jungen Kermeur, viel hab ich den nicht gesehen.

Ja natürlich, sagte sie, zum Glück, zum Glück.

Und sie bemühte sich, den Offiziersfrauen zuzulächeln, die sie erkannten, die die Frau des Vizepräsidenten des Fußballclubs erkannten, und sie bemühte sich, weiter zu lächeln. Dann tat sie so, als würde sie ein wenig essen, und grübelte dabei weiter, die haben wirklich Glück, dass wir keine Beweise haben, und du, also dass du nichts gehört hast, das ist wirklich schade.

Ah, nein, überhaupt nichts. Und ich fing an zu essen.

Sie sah mir dabei zu, lächelte nach rechts und nach links, um höflich dieselben Brester Gestalten zu grüßen, dieselben Brester Familien, und ich spürte genau, sie hatte noch etwas zu sagen, ich spürte genau, sie würde es sagen, auch wenn ich es noch so wenig hören wollte.

Ich habe mit deinem Vater telefoniert, sagte sie.

Aha, antwortete ich.

Ja. Wir haben heute früh eine Entscheidung getroffen: Wir kommen in die Bretagne zurück.

Und wir sagten beide nichts, und sie hob die Hand an meine Wange, sie streichelte mir die Wange, und für mich war das wie eine Rasierklinge, die mir die Haut herunterriss.

8

Komm schon, du kannst nichts dafür, sagte der junge Kermeur zu mir, deine Mutter ist die Ursache für das Ganze, so ist die eben, sie verdirbt alles, wo sie vorüberkommt, und er legte mir die Hand auf die Schulter, und er lächelte mir so merkwürdig zu wie einer, der sich über alles mokiert und vor allem über sich selbst.

Für ihn, der abends gegen neun Uhr mit seiner Flasche Wein ankam und dem falschen Siegerlächeln, denn das Schlimmste ist, dass das für ihn ein normaler Abend war, für ihn war der Tag verlaufen wie jeder andere, er war durch die Straßen gestreift, die Hände in den Hosentaschen, leise pfeifend und sonst nichts, und als er an diesem Abend klingelte wie üblich, sagte ich, bist du denn völlig verrückt geworden, was machst du hier?

Wieso denn, sagte er, wir müssen uns doch weiter treffen.

Nein, im Gegenteil, das sollten wir nicht.

Ah, das ist viel komplizierter, als du denkst, viel verzwickter ist das, sagte er. Einerseits hast du Recht, man sollte uns nicht zusammen sehen, andererseits sollte man uns nicht nicht zusammen sehen, denn das eine ist genauso verdächtig wie das andere, verstehst du: Es reicht, uns zusammen zu sehen, schon das ist suspekt, aber es reicht auch, uns gar nicht mehr zusammen zu sehen, das ist gleich noch viel suspekter.

Ich stand da und sah ihn an, war natürlich müde wegen all dieser Dinge, wegen jeder Stunde, die doppelt zu zählen schien wegen des Traums meiner Mutter, ihn ins Gefängnis zu bringen. Er schlug vor, wir könnten ausgehen. Wir gingen aus. Wir taten alles, was der junge Kermeur an diesem Abend wollte. Sogar uns an den Tresen setzen, sogar Gin Tonic bestellen, das wollte er. Und wir redeten laut, um uns zu hören, wegen der heftigen Musik und all der Leute ringsum. Ich stellte mein Glas auf den metallenen Tresen, ich wandte ihm den Kopf zu und wartete einfach, dass er etwas sagte. Und er sagte nichts.

An dem Abend sagte ich zum jungen Kermeur, ich hätte mich geirrt, wir hätten das nicht tun dürfen, ich allein hätte das niemals gemacht, so, ich hab mich in Versuchung führen lassen, gut, ich hab mich halt mitziehen lassen.

An dem Abend, ich schwör's, hab ich versucht, die Maschine rückwärts laufen zu lassen, ich hab zu ihm gesagt, noch heute Abend würde ich alles zurückbringen, zu meiner Großmutter, und dann würde sie wieder nach Hause kommen und kein Wort mehr von der ganzen Geschichte, und er sollte nie wieder abends um neun bei mir klingeln mit einer Flasche Wein, denn, so sagte ich zu ihm, ich will mein Leben nicht in der Gosse verbringen, ja, in der Gosse, das sagte ich zu ihm.

Jetzt reg dich mal ab, sagte er, reg dich ab. Denk nach. Einmal kannst du das Geld nicht zurücktun, ohne wirklich Verdacht zu wecken. Außerdem kannst du das jetzt nicht alles so einfach loswerden, sieh mal. Denk nach: Wenn wir Ärger miteinander kriegen, stell dir vor, ich nehm das schlecht auf, stell's dir einfach mal vor, gut, ich bin also richtig stinkig und grübele so herum, was denke ich mir da? Da denke ich, gut, ich hab dem Enkel geholfen, seine Großmutter zu beklauen, stimmt, aber es lag ja auch nah, er hatte den Schlüssel, er kannte die Wohnung in- und auswendig, also, als er mich gefragt hat, ob ich ihm helfe …

Moment, Moment, was sagst du da?

Ich sage, immerhin habe ich nicht meine eigene Großmutter beklaut …

Aber es war deine Idee, es …

Mag schon sein, aber für die Justiz …

Wie, was die Justiz?

… die Justiz hat es noch nie sehr moralisch gefunden, die eigene Familie zu beklauen.

Das Streichholz schabte über die Zündfläche und näherte sich der Zigarette, das Streichholz brachte sie zum Glühen mit der Mitte seiner sich biegenden Flamme, und er sog daran, an der Zigarette, ein Teil des Rauchs quoll aus seinen Lippen heraus und verwehte vor seinem Gesicht, das beleuchtet wurde, wenn er an der Zigarette zog. Und ich war nicht sicher, ob ich recht gehört hatte, ich weiß nicht, ob ich recht gehört habe, sagte ich nahe an seinem Ohr.

Schau, ich hätte der Polizei etwas anderes sagen sollen, ich hätte sagen sollen: Nicht nur hat die Putzfrau den Schlüssel, sondern sie hat auch einen Sohn, ja, genau das hätte ich sagen sollen, dass ich so meine Zweifel hätte, was den grässlichen Sohn dieser Putzfrau angeht, und ich bin sicher, sie hätten dich genau vernommen, ich bin sicher, der Inspektor hätte dir auf den Zahn gefühlt.

Da saß er und sagte nichts. Wir tranken unseren Gin Tonic, auf den Barhockern sitzend, unter den wummerigen Bässen und dem stählernen Licht, das aussah wie in einem amerikanischen Nachtclub, unser Schweigen wurde jetzt von der lauten Musik überdeckt, und dann fügte er hinzu: Weißt du, was schön ist, es ist schön, dass es jetzt zwischen uns keine Missverständnisse mehr gibt, ich meine, weniger als früher, verstehst du, jetzt sind wir wirklich Freunde. Und auf meiner Schulter wieder diese Riesenhand, die mich nicht mehr losließ.

9

Ich erinnere mich an die folgenden Tage auf der Straße, im Hafen, im Wind stehend, auf dem Deich ans Geländer gelehnt. Ich erinnere mich an die Caféterrassen, wo ich saß, an alle Bänke in den Parks, und sogar an das Meer, ich machte eine Bootstour auf dem Meer, mit dem Ausflugsboot, das Runden auf See dreht, nahe bei den Fischen, nahe bei den Sardinen und auch den Quallen, bei egal welchem Gewimmel unter der Oberfläche. Und da stand ich, in Brandung und Wind zwischen den Frachtern und den Kriegsschiffen, den alten Flugzeugträgern, die ihre letzten Tage im Militärhafen zubrachten. Von dort oben, am wechselnden Himmel, glaubte ich, sah Gott mich und dachte nur an mich.

Zu dem jungen Kermeur wollte ich sagen: So, es ist vorbei, diese ganze Geschichte, erledigt. Jedes Ding kommt wieder an seinen Platz. Bald kommt die alte Dame wieder in ihre Wohnung. Bald werde ich nachts die Schritte hören, sie wird da sein, und genauso die Möbel, jedes Stück, die Sessel, die Vitrinen und die Bilder, jedes Ding wird haargenau, still an seinem Platz sein. Nein. Natürlich nicht. Bald wird da nur noch das Verkaufsschild am Balkon klappern, die Straße wird weiter die Bucht überblicken. Bald bin ich nicht mehr da, die einhunderttausend Francs gleich in meinen Koffer gepackt unter die Strümpfe und die Pullover, bereit, die Stadt schnellstmöglich zu verlassen. Diese Stadt.

Und in dem Zug, der mich von Brest nach Paris brachte, in diesem Zug ließ ich meinen Koffer, das weiß ich noch genau, da ließ ich meinen Koffer nicht aus den Augen.

IV

Etwas über uns

1

An dem 20. Dezember ließ ich meinen Koffer auch nicht viel aus den Augen, im selben Zug in der Gegenrichtung, der mich hinbrachte wie ein Magnet, jetzt ohne gebündelte Geldscheine, nur ein paar Strümpfe und ein paar Pullover, und darunter als einziges Bündel jetzt die einhundertfünfundsiebzig Seiten, die sozusagen nach Hause kamen, mitten in die Gischt des Nord-Finistère.

Ich hab nie so genau erfahren, was der junge Kermeur mit seinem Geld gemacht hat, aber ich weiß, ich habe gut daran getan, es ganz in meinen Umzug nach Paris zu investieren, mein eigenes Exil, spottete ich manchmal meiner Mutter gegenüber, während sie damit beschäftigt war, ihre Kisten zu packen dort unter den Gewittern Südfrankreichs, und meine Stimme klang irgendwie heller dank des Pariser Lichts, dank des weißen Kieses im Jardin du Luxembourg, der das ruhige Licht der Bäume und das Geschrei der Kinder beim Wasserbecken bis in mein Zimmer reflektierte, bis unter die Dächer. Ich hatte immer gewusst, dass ich eines Tages hier sein würde.

In der Nacht des Diebstahls, als wir von meiner Großmutter heruntergekommen waren, in meinem Bett, in dem ich nicht einschlafen konnte, die zweihunderttausend Francs ins Kissen gestopft, da wusste ich schon, dass ich wegziehen würde, dass ich nur unter dieser Bedingung das Geld behalten konnte, unter der Bedingung, dass es sauber wurde. Und als mir klar wurde, dass meine Eltern in die Bretagne zurückkommen würden, als ich es der Stimme meiner Mutter anhörte, diesem honigsüßen Ton meiner Mutter, die von Rückkehr sprach, als ich den Triumph meiner Mutter spürte, fing ich sofort an, meine Sachen zu packen, vor allem meine Bücher in Kartons, während sie schon den Kauf eines Hauses an der Küste verhandelte und mit meinem Vater verhandelte, ob sie es kaufen würden, da mein Vater schon mitgeteilt hatte, es komme überhaupt nicht in Frage, nach Brest zu ziehen, in die Stadt, nicht in Frage, dass er sich erst einen Schal ums Gesicht wickeln müsste, um hinauszugehen, dass er unter der Bedingung, außerhalb der Stadt zu wohnen, gern wieder ins Finistère wollte, unter der Bedingung, fernab des Fußballstadions zu wohnen, unter der Bedingung, dass das Meer sein einziger Nachbar wäre.

Und jetzt hatte er es sozusagen, das Meer als einzigen Nachbarn, den Wind, der ihm gerade ins Gesicht blies, wenn er sich aus dem Fenster beugte und so merkwürdig lachte, aufs offene Meer hinausblickend, wie um den von fern herkommenden Wind einzuatmen. Ich hatte schon immer gefunden, dem Wind darf man so nicht begegnen, dem Wind muss man folgen, darf nicht denken, man könne gegen ihn ankämpfen, denn obwohl er von den Fassaden und dem Lachen meines Vaters verletzt wird, folgt er doch seinem Weg, findet er doch seine Stärke wieder, kaum dass er gegen die Fensterscheiben gerannt ist, und folgt seinem Weg ins Hinterland, immer weiter ins Hinterland, und sein Albtraum dauert schon seit ewig.

Unser Albtraum.

Irgendwie hab ich mich vom Wind nach Paris wehen lassen, falls man sagen kann, dass nur der Wind allein mich dorthin gebracht hat, zu der Aussicht auf die Platanen in Reih und Glied und auf das Bassin mit dem Süßwasser. Und dieser Gedanke hat lange nachgehallt in meinem Pariser Zimmer, die Frage, ob nur der Wind allein, ob ich so zerbrechlich war in mir drin, mit Blick auf den Park unten und auf das Becken mit dem kalten Wasser, auf die kleinen Kinder, die auf den Wind warteten und dann ihre Boote anschoben. Noch heute kann ich sagen, als ich das erste Mal da reingekommen bin, da hab ich sofort gewusst, hier bist du zu Hause.

Wissen Sie, warum ich das Zimmer nehmen werde?, fragte ich die Vermieterin, wegen dem kleinen Wasserbecken da unten, vor dem Palais du Luxembourg, ja, denn als Kind in Brest, da hab ich auch an so einem Bassin gespielt mit einem Segelboot, genau wie hier, genau wie die Kinder aus dem 6. Arrondissement, nur dass Brest nicht in Stadtbezirke eingeteilt ist, aber trotzdem, einen Park gibt es, direkt gegenüber vom Cercle Marin, mit einem Becken, in dem man sein Schiffchen schwimmen lassen kann. Nur einmal, da hab ich das Boot ein bisschen zu doll angeschubst, einmal habe ich mich etwas zu weit über den Rand gelehnt, um mein Boot wiederzukriegen, und bin mit allen Kleidern in das kalte Wasser gefallen. Die anderen Kinder lachten natürlich alle, und als ich aufstand, war da die Scham, die hat mir die Haare in die Augen geklatscht, und alle Kinder lachten. Deswegen nehme ich dieses Zimmer, sagte ich zur Vermieterin, lächelnd, denn es weckt Erinnerungen. Dann unterschrieb ich den Mietvertrag und dachte, hier kommt alles wieder hoch, hier schreibe ich die ganze Geschichte auf.

Nicht erzählt habe ich ihr, der Vermieterin, wie es nach dem Zwischenfall mit dem Wasserbecken weiterging. Ich erzählte ihr nicht, dass meine Mutter auch da war, sie saß auf der Bank gegenüber dem Becken, und wie sie dreingeschaut hat, als ich pitschnass auftauchte, schon blickte sie sich um, ob es auch niemand bemerkt hatte, ob die anderen Mütter, die ebenfalls ohne jedes Mitleid lächelten, ohne jedes Mitleid für mich, und meine Mutter murmelte zu laut, so ein Idiot, mein Gott, so ein Idiot, und ihre einzige Sorge war, dass auch ja niemand, den sie kannte hier im Parc Kennedy, dass niemand sie erkannt hatte, schon fragte sie sich, wie sie es nach Hause schaffen sollte quer durch die Stadt mit einem triefnassen Kind, dessen Schuhe flotsch, flotsch machen, wie sie die Scham bezwingen sollte, ein derart ungeschicktes, derart dämliches Kind zu haben, so sagte sie, während sie mich an der Hand davonzerrte, ich sei das einzige Kind auf der Welt, das angezogen in ein Wasserbecken fallen könne, und die Leute, die uns begegneten, lächelten, alle lächelten außer mir, ich weinte, und außer meiner Mutter, die sich schämte.

Als ich also die sieben Pariser Stockwerke zu diesem Zimmer hochgestiegen war, als mein Blick aus dem Fenster zum Jardin du Luxembourg hinunterging und ich in mir das Gefühl des kalten Wassers in meinen Schuhen aufsteigen spürte, da zögerte ich natürlich nicht und unterschrieb den Vertrag. Mit solchen Dingen schreibt man, damit und mit sonst gar nichts, dachte ich noch in dem Zug, der mich zurückbrachte, zur Begleichung aller Rechnungen, am 20. Dezember 2000.

Und der Zug war natürlich rappelvoll, denn in ein paar Tagen war Weihnachten und alle fuhren zu ihren Familien, alle stellten sich in Gedanken die Familiengesichter vor und die Familiengeschenke, ich hatte den Blick auf den Koffer über unseren Köpfen geheftet, als hätte ich mit einem einzigen Blick unter seinem Leder sämtliche einhundertfünfundsiebzig Seiten wieder gelesen.

Jeder muss sich über seine Familiengeschichte Rechenschaft selbst ablegen, dachte ich, vor allem an einem 20. Dezember, einem Tag also, an dem man Unterstützung braucht, weil man sich der harten Prüfung stellt, Weihnachten im Kreise der Familie zu verbringen, die Leute inbegriffen, die behaupten, sie würden sich darauf freuen, während sie tief in ihrem Inneren wie alle anderen davon träumen, einen Roman über ihre eigene Familie zu schreiben, einen Roman, der mit all dem aufräumt, den Weihnachtsessen und den unvollendeten Geschichten.

Wie ich also meinen Koffer ansah, wie ich daran dachte, dass ich für niemanden ein Geschenk dabei hatte, da begriff ich, dass diese Fahrt noch vier Stunden dauern wurde, also genau so lange, wie ich brauchte, um das ganze Manuskript noch einmal zu lesen, und ich stand auf, nahm den Koffer herunter, holte den Packen beschriebener Seiten heraus und legte ihn mir auf den Schoß.

Mein Sitznachbar fuhr auch nach Brest, ich hatte es auf seinem Fahrschein gelesen, gesprochen hatten wir nicht miteinander, nur unsere Arme hatten es unbehaglich auf der gemeinsamen Armlehne, und ich sah sofort seine Neugier, als ich das Bündel aus dem Koffer holte, und dass er versuchte, darauf zu schielen, auch wegen der ersten Seite, auf der wie als Titel, aber mit schwarzem Filzstift geschrieben stand: »Mein Familienroman«. Mehrere Minuten lang ließ ich die erste Seite so liegen, »Mein Familienroman«, vor seinen Augen, und wollte nicht umblättern.

Ich musste ein wenig lachen bei den Seiten über meinen Vater, bei den Seiten über meine Mutter vor allem, über ihren Andenkenladen im Languedoc-Roussillon, über sie, ihren Haarreif, der knapp hinter den

Postkarten hervorschaute und den mit Palavas-les-Flots gravierten Feuerzeugen, mit dem P von Palavas in Form eines Sonnenschirms.

Nein.

Ich musste nicht lachen bei all diesen Seiten, bei den Seiten über meine Mutter, all den Seiten über mich vor allem, über den junge Kermeur und mich in der orangefarbenen Nacht, die dunstig über der Bucht lag, den Whisky in unseren Gläsern mitten im Wohnzimmer, während draußen die Städte in Gegenrichtung vorüberstrichen, Rennes, Saint-Brieuc, Morlaix, dann der schwindelerregende Beginn der letzten Minuten. Es gibt immer so etwas in den Zügen, als würde man auf einer gleichförmigen Dünung segeln, und in meinem vom Zug durchgerüttelten Schädel tauchten trotz der in mir eingeschriebenen vergangenen Zeit bei der Ankunft in der weißen Stadt ihrer aller Gesichter auf und schwebten in der Luft wie alte Drachen im Herbst.

Doch jetzt ist es Zeit, dass ich gegen die Windrichtung zurückkehre, hatte ich genau am Vorabend meiner Reise nach Brest gedacht, ich wedelte mit dem Fahrschein in meiner Hand als Siegeszeichen, jetzt war ich stark genug für einen Aufenthalt bei meinen Eltern, dachte ich, als ich das Manuskript im Zug wieder zusammenschob und es in meinem Koffer verstaute, wenige Kilometer vor der Ankunft in Brest, und der Zug wurde immer langsamer, am liebsten wäre mir gewesen, er würde derart verlangsamen, dass er nie zum Halten käme, je mehr wir uns allmählich dem Bahnhof näherten, überm Meer entlang, je weiter der Zug wie übers Meer fuhr und sich unter die Boote mischte an diesem merkwürdig windlosen Tag mit seiner ziemlich trockenen Kälte, die vorherzusagen schien, dass nichts normal sein würde, dass ich dort hätte bleiben sollen, in Paris, ganz allein unter den Dächern, und auf das Wasserbecken des Jardin du Luxembourg hätte hinunterschauen sollen, das zufrieren mochte, in meinem eigenen Exil.

2

Ich behaupte ja nicht, niemand hätte sich Mühe gegeben an diesen Weihnachtstagen, um mich freundlich aufzunehmen, im Gegenteil, jeder trug das Seine dazu bei, um die Tage erträglich zu machen, einfach erträglich. Jeder sagte seinen kleinen Satz auf und trug sein Beinahe-Lächeln im Gesicht. Sogar mein Vater kommentierte wieder den Dunst, der sich an dem Tag verzogen hatte, also in dieser Gegend, sagte er, da kann man wirklich nie wissen, woran man ist. Wenn es nur nach ihm, meinem Vater, gegangen wäre, hätten sie im Süden bleiben können, denn er mochte das Languedoc-Roussillon gern, die Stiere in der Camargue und das Kuhtreiben in den kleinen dunklen Dörfern, ja, er mochte das.

Sogar meine Mutter setzte ihr breitestes Lächeln auf, als sie mich ankommen sah, den Koffer noch in der Linken, und wie ich in den Eingang trat, um sie zu küssen. Ich warf einen Blick nach oben zum Giebel, der Efeu, der wilde Wein und die Kletterrosen noch im Winterschlaf, und wie stolz meine Mutter war, hier aufrecht zu stehen, im Nord-Finistère. Wenn ich dran denke, dass ausgerechnet ich dir das alles ermöglicht habe, diesen Familiensitz und sein ganzes Mobiliar, die ganze Erbschaft wie im Zeitraffer, bis hin zu Alberts dicken Möbeln, mit denen alles vollgestellt war. Es wirkte, als wollten sie gleich losbellen, diese Möbel, da hockten sie auf ihren Vorderpfoten, als warteten sie darauf, dass man ihnen einen Knochen hinwarf mitten zwischen dieses üppige Rot, den grünen Marmor, den geflammten Mahagoni, die zusammen diesen Häusern so etwas absolut Weltfernes verleihen, wie Museen, und so hatte meine Großmutter Alberts Wohnung übrigens auch genannt, »oh, ein richtiges kleines Museum«, hatte sie gesagt.

Und jetzt war alles da, in der bretonischen Heide, und verrottete in der Feuchtigkeit der Dünenlandschaft, all dieses Mobiliar, das so lange Zeit hindurch Albert gehört hatte und dann für so kurze Zeit meiner Großmutter, alles war da, wieder vereint, ja, wieder vereint, sagte meine Mutter, endlich ist die Familie wieder vereint. Und sie wirkte fast glücklich, mich zu sehen.

Ich war in der Konditorei, sagte ich. Und hielt ihr die viereckige Schachtel hin, die ich in der Rechten trug, und fügte hinzu: Sie hatten nichts anderes mehr, ich hab's mitgebracht, einmal Paris–Brest.

Und natürlich hätte ich misstrauisch sein sollen, denn es liegt nicht im Familientemperament, einen Sohn so zu empfangen, ihm lächelnd sein Zimmer zu zeigen, mit diesem aufgesetzten Lächeln, das weiß, seine Stunde wird kommen, und dabei den Haarreif zurechtzurücken, aber immer weiter zu lächeln, und all das, all dies stillschweigende Getue und dies schwedische Licht, in dem die Fenster froren, und schon als ich über die Schwelle trat und den Familiengeruch erkannte und die Familienfarben, dachte ich, zehn ganze Tage bleibe ich nicht.

Allerdings mindestens bis zum 25. durchhalten schon, dachte ich auch in dem Moment, als ich die einhundertfünfundsiebzig Seiten herausholte, als ich sie sorgfältig in dem Zimmer versteckte, das meine Mutter für mich hergerichtet hatte, das Empire-Zimmer mit einem Empire-Bett, einem Empire-Schrank, einem Empire-Sessel und überdies einem Empire-Sekretär, in dem ich das Manuskript sofort unterbrachte. Denn etwas in mir wusste bereits jetzt, dass meine Mutter hier hereinkommen würde, sobald ich erstmals weg wäre, dass sie sich über meinen Koffer hermachen und schnüffeln würde, ohne zu wissen, was sie suchte, einfach nur um zu schnüffeln, denn so ist sie, meine Mutter, sie muss schnüffeln. Weshalb dieser abschließbare alte Sekretär eine gute Methode war, den Feind zu überlisten, den Schlüssel würde ich während meines gesamten Aufenthalts bei mir behalten, so wäre er sozusagen in Sicherheit, wenn denn in einem Familiensitz irgendetwas in Sicherheit sein kann, und natürlich kann es das nicht.

Natürlich nicht. Nicht an einem Samstag vor Weihnachten. Nicht bei Leuten, die sich so lange nicht gesehen haben, die gemeinsam so schwer zu tragen haben, als hätten sie das ganze Jahr im Kopf der anderen gelebt, ganz ohne Ruhepause, überdrüssig dieses Gedankens, und auf einmal muss man sich sogar noch wirklich sehen. Als würde die Zeit des Nichtsehens die Spannung steigen lassen, wie wir da auf den weißen Sofas saßen, die Minuten immer länger zwischen den wenigen Worten, meine Großmutter fast würdig vor ihrem weißen Port, mein Vater neben ihr, als würde er sie bewachen.

Und auf gewisse Weise bewacht er sie, sagte mein Bruder zu mir, er, der mich gleich beiseitegenommen und mir erzählt hatte, was erst am selben Morgen, bevor ich kam, zwischen meinem Vater und meiner Großmutter vorgefallen war. Stell dir vor, sie hat helfen wollen, flüsterte er mir zu, sie wollte den Tisch decken, aber für heute, für die Rückkehr des verlorenen Sohns, meinte er ironisch, haben sie die Limoges-Teller rausgeholt, wenn du verstehst, was ich meine.

Ich verstand sofort, was er meinte. Gleich als er »Limoges-Teller« sagte, sah ich die ganze Szene vor mir, die Stimme meines Vaters, der darauf hinweist, dass jeder einzelne davon ein Vermögen wert ist, dass man aufpassen muss, dass solche Teller nirgends mehr zu finden sind, dass sie von Tante Germaine stammen und wenn die wüsste, dass wir sie benutzten, im Grabe umdrehen würde sie sich. Doch diesmal, erklärte mein Bruder, hatte er noch nicht zu Ende gesprochen, da klirrt hinter ihm zerschellendes Porzellan, im selben Augenblick, ich schwör's dir, zerspringt eben der fragliche Teller auf dem Boden. Und ohne sich umzudrehen, einfach allergisch gegen das Scheppern, kaum dass der Teller den Boden berührte, sagte mein Bruder schon lachend, kaum dass die letzten Scherben unter die Möbel gespritzt waren, sobald er das Klirren hörte und ohne irgendetwas gesehen zu haben, schnauzte er los: »Was hat die dämliche Kuh ...?«

Ja, das sagte er, dämliche Kuh, haargenau wissend, dass sie, meine Großmutter, das auf sich beziehen würde, denn es gab für ihn keinerlei Zweifel, dass es sich um sie handelte, und für sie gab es keinerlei Zweifel, dass er das genau so wollte, dass sie es war, denn sonst hätte er so etwas nicht in den Mund genommen, dämliche Kuh, nicht, wenn es um seine Frau ginge. Und natürlich gab es Geschrei, natürlich sagte er am Ende den anderen Satz, den zu sagen er seit Jahren träumte, nämlich wenn es Ihnen hier nicht passt, bitte, da ist die Tür. Und die Tür knallte, erzählte mein Bruder weiter, und sie stakste unverwandt auf ihren lackierten Absätzen weg, unter Schwüren, dieses Hauses nie wieder zu betreten. Nur dass sie eine Viertelstunde später nach ein paar unbeholfenen Schritten in den Dünen eben doch zurückkommen musste. Natürlich. Und sie alle mussten so tun, als ob nichts gewesen wäre.

3

So, so weit waren wir, beim Aperitif, einem weißen Port auch für mich, in der Hoffnung, dass er schnell wirkte, dass der Alkohol die Dinge regeln würde, wie ein guter Geist, der aus der Flasche schlüpft und uns zulächelt. Dann ging es zu Tisch. Meine Mutter platzierte mich mit dem Rücken zum Meer, wenn es dir recht ist, sagte sie, allerdings sichtlich entschlossen, mich zwischen meinen Vater und meine Großmutter zu klemmen, zwischen die vierzehn Millionen Minus meines Vaters und die achtzehn Millionen Plus meiner Großmutter, die sich wie für einen Urknall in einem zerbrochenen Teller vereinigt hatten. Aber in ihrer beider Blicke, die einander auswichen und das Weite suchten, stand auch klipp und klar, dass von nun an all dies, dass all diese alten Schränke voll so schwerer Altlasten, sie beide auf ewig gefesselt hatten.

Jetzt waren sie nur noch eins: kleine Satelliten, die um meine Mutter kreisten. Meinen Vater musste man mal gesehen haben bei diesem Festessen, kein Wörtchen gegen mich, sichtlich vergrätzt durch dieses Unmaß an Erdulden, nur noch willens, die fundamentalsten Funktionen der Sprache zu nutzen, in der Art von »kannst du mir das Salz geben« oder »ja, das Fleisch ist sehr gut«. Und auf dem Fliesenboden spürte ich die Porzellankrümel, über die mein Bruder so lachte. Dann blähten die Tunnel des Schweigens die Tischrunde. Dann, schlimmer noch als das Schweigen, die Sätze, die es vertreiben sollten: der Dunst, der sich immer rätselhafterweise verzog, die Digitalfotos vom letzten Sturm, den ich um ein paar Tage verpasst hatte, das tobende Meer und die Gischtflocken, die bis vor das Gartenfenster geflogen kamen und hier zu Füßen der Tanne vergingen. Und jetzt das Meer so ruhig, so schläfrig. Der Himmel so schneidend blau hinter dem Kunstschnee. Die elektrische Girlande tönte unsere Wangen. Das war natürlich wirklich ein bisschen viel.

Offenbar dachte meine Mutter das auch, dass es viel sei, all diese Wörter wie bodenlose Brunnen, die Luft so dick, so dass sie, kaum waren die Teller gefüllt, kaum saß sie selber, so, als wollte sie das Schweigen ein für alle Mal zerfetzen, ohne jede Scham fragte und nur meinem Blick dabei auswich, einfach so vor allen fragte: und, Louis, offenbar schreibst du etwas über uns?

Es gab eine Pause, mehr als eine Pause, ich war in dem Satz erstarrt wie auf einem holländischen Bild, jedenfalls in etwas Düsterem, Beunruhigendem, wie in Gewitterleuchten Gehülltem. Der Ausdruck saß mir unter den Schläfen, etwas über uns, du schreibst etwas über uns. Aber woher wusste sie das, wie konnte sie es wissen, ich hätte das ihr gegenüber im Leben nicht erwähnt, weder das noch sonst etwas aus meinem Pariser Leben, weder das noch sonst etwas aus meinem Denken, aber wovon redest du, Mutter, wovon redest du?

Es gab etwas wie einen Abgrund mitten in mir drin. Ich weiß, dass ich dunkelrot wurde, ich weiß, dass ich meinen Bruder ein Sekunde lang ansah, dann meine Großmutter eine Sekunde lang, dann sagte ich ja, das heißt nein, das heißt ich schreibe etwas auf, dann und wann mal, und wieder sah ich meinen Bruder an, denn nur er an diesem Tisch konnte darüber geredet haben, konnte den Fehler begangen haben, darüber zu reden, während ich, das dachte ich da sofort, den Fehler begangen hatte, mit ihm darüber zu reden, beim tatsächlich einzigen Mal, dass wir uns in Paris getroffen hatten, weil er zum ersten Mal im Parc des Princes spielte mit der Mannschaft aus Montpellier, beim Viertelfinale des Frankreichpokals, das war das größte Ereignis seines Lebens. Und natürlich hatte ich mir das Spiel angesehen, und natürlich waren wir beide hinterher zusammen in die Stadt gegangen, und natürlich hatten wir uns lange unterhalten.

Ich schwöre, an diesem 20. Dezember, am Rande der grünen Tischdecke, die uns unüberwindlicher trennte als ein Fluss, ich schwöre, da hatte ich genug Gelegenheit zu bedauern, dass ich meinem Bruder etwas verraten hatte, auch weil er mich geradezu gezwungen hatte, mich ihm anzuvertrauen, dachte ich, während ich ihn mit Blicken erdolchte, denn so beharrlich hatte er nachgefragt, was ich denn in Paris machte, und ich hatte sofort antworten müssen, musste am Ende so schnell wie möglich sagen, ja, zurzeit, ob du es glaubst oder nicht, aber zurzeit schreibe ich etwas über unsere Familie.

Was für ein Gesicht er da machte. Ich weiß es noch, das Gesicht von jemandem, der gar nicht mehr wissen will, der zu geschockt ist, um es auch nur zu zeigen, es war, als hätte er in seinem Kopf im selben Moment ganze Seiten gelesen, also sagte er vielleicht aus Angst, vielleicht aus Stolz, aha, und schlug ein wenig die Augen nieder, ohne eine weitere Frage.

Keine einzige Frage, empörte ich mich später, und er hätte mir besser welche gestellt, statt das in sich in der Schwebe zu halten, wegen des Risikos, dass es dann früher oder später einmal herauskäme, einfach so herauskäme, wenn es das nicht sollte, zum Beispiel an genau dem Ort, an dem es jedenfalls nichts zu suchen hatte, nämlich dem Ohr meiner Mutter.

Etwas über uns.

Und das war wie ein Satz, der nicht verblassen wollte, der in mir herumgeisterte wie eine Endlosschleife und sich überall hinschrieb, aufs Tischtuch, die Gläser, den weißen Kunstschnee an den Fensterscheiben, offenbar schreibst du etwas über uns.

Oh, das stört uns nicht im Geringsten, redete meine Mutter weiter, wir haben nichts zu verbergen.

Nein. Natürlich nicht.

Aber wenn es nach ihr gegangen wäre, hätte sie mich an die Wand genagelt, um genau zu erfahren, was es mit dieser Familiengeschichte auf sich hatte, ob ich tatsächlich angefangen hatte, sie zu schreiben, und was ich wohl zu erzählen hatte, denn einerseits stimmte es, sie war wirklich extrem erpicht darauf, etwas über sich zu lesen, aber andererseits machte es sie auch extrem nervös. Darum war sie an diesen Weihnachtstagen so ganz besonders freundlich und aufmerksam zu mir, und darum war sie zugleich unruhig, denn bei mir kann man nie wissen, dachte sie, ich war ein Intellektueller, und als Intellektueller meinte ich, ich könne mir alles erlauben, selbst die anderen für dumm zu verkaufen, wie sie mir schon bei mehrfachen Gelegenheiten gesagt hatte, und sie war bereits erstarrt bei der Vorstellung, welche Version der Dinge ich erzählt haben mochte, welche nicht bereinigte Version, welche Version von mir, welche Version des Languedoc-Roussillon und also welche Version von seiner eigenen Mutter, sagte sie, das wirst du nicht gemacht haben, bat sie wortlos, du wirst nicht unsere ganze Geschichte erzählt haben. Und in ihrem Blick las ich die Angst vor Sätzen und Wörtern wie Geld, wie Erbschaft, wie Feuerzeuge und wie Mannschaft von

Brest. Und in ihrem Blick lag auch etwas wie ein Flehen: Nein, das hast du nicht getan, bat sie.

An diesem Tag, daran erinnere ich mich, das Gesicht über den feinen Porzellanteller geneigt, da dachte ich nur eins: Schau nicht hoch zu ihr, wenn du nur ein einziges Mal aufblickst, bist auch du für den Rest deines Lebens ein Satellit. Und in den Abgrund in meinem Inneren verkrochen, hörte ich nur wie eine Rakete quer duch den Raum die Stimme meiner Großmutter neben mir, die hinzufügte: Ich hoffe, du redest gut von uns.

Dann waren da wieder Stille und normale Wörter. Da war mein Bruder, der nicht wusste, wohin mit sich, dann ablenkende Themen und immer wieder Stille. Da waren der Brester Regen und die Mietpreise. Da waren die ans Porzellan klirrenden Löffel. Doch über dem Tisch, über uns, neben dem Meer draußen und den alten Möbeln, die sich unter unseren Blicken duckten, schwebte dieser fast schmutzig gewordene Ausdruck wie eine beständige Regenwolke: etwas über uns. Und im schwarzen Wirbel in den Porzellantassen schien ein jeder von uns auf dem bewegten Spiegel seines Kaffees etwas über sich zu lesen.

4

Aber ich habe nichts verraten, sagte ich später zu meinem Bruder, als wir beide im Wohnzimmer saßen und ich rauchte bis an die Grenze zur Übelkeit, ich hab nichts von dem verraten, was du mir in Paris an jenem Abend anvertraut hast. Jetzt sollte ich hingehen und es ihnen allen verraten, das würde dir recht geschehen.

Wie er da wieder schaute. Als wären ganze Klippen über ihm zusammengebrochen, er war auf einmal ganz zerbröselt, fast wollte er mich anflehen. Und ich dachte an jenen Abend in Paris, es lag nicht daran, dass mein Bruder an dem Abend besonders schlecht gespielt hätte, er machte seinen Job als Mittelverteidiger, wie er sollte, nur dass die Pariser Mannschaft einfach stärker war, sagte ich zu ihm nach dem Spiel, und es sei doch schon eine ganze Menge, es ins Viertelfinale des Frankreichpokals geschafft zu haben und im Parc des Princes zu spielen, und so was passiere eben manchmal, sogar den besten Mannschaften, da läuft es eben nicht, nur diesmal hatte er eben fünf Mal den Ball im eigenen Tor landen sehen gegen null Mal in dem der gegnerischen Mannschaft.

Fünf zu null. Allerhand.

Doch die Niederlage bereitet Vertraulichkeiten den Weg, die Niederlage schmerzt und reißt Gräben in uns auf, das sagte ich selbst zu ihm, nachdem wir stundenlang miteinander geredet hatten, nachdem wir einander endlich alles gesagt hatten, all unsere Geheimnisse.

Ich fragte meinen Bruder an dem Abend nicht, ob er dank des Fußballs seine Homosexualität entdeckt oder ob eher die Tatsache, dass er homosexuell ist, ihn zum Fußball getrieben oder ob das beides nichts miteinander zu tun hatte, doch als er mir diesmal davon erzählte, da sagte ich, das wisse ich schon, ich wisse nicht warum, aber etwas in mir wisse das. Solche Sachen, sagte ich, solche Sachen wissen alle, auch ohne ein Wort. Sogar unsere Mutter weiß es, da bin ich sicher.

Natürlich weiß sie es, sagte er, seit Jahren will sie mich zum Psychotherapeuten schleifen, weil ich angeblich so ein bisschen labil wirke.

Aber für meinen Bruder war es klar, dass sie ihn von seiner Homosexualität heilen lassen wollte, um seinen Lebensweg wenigstens hier zu beeinflussen, wo sie es beim Fußball schon nicht geschafft hatte. Sie hofft immer noch, dass ich damit mal herausrücke, sagt mein Bruder noch heute, und das Lustigste ist, alle sind auf dem Laufenden, nur sie nicht.

Immer haben alle alles gewusst, nur sie nicht. Niemand hat ihr eigentlich jemals etwas erzählt, sie erfuhr als Letzte von den in der Clubkasse fehlenden vierzehn Millionen. Erst als sie zu ihrer Freundin, der Frau des Staatsanwalts, zum Bridge ging, erst als sie die ganzen verlegenen Gesichter ihre demnächst ehemaligen Freundinnen sah, erfuhr sie die Geschichten meines Vaters aus der örtlichen Tageszeitung, die sie ihr eilfertig vor die Nase hielten, mit dem Foto meines Vaters auf der ersten Seite, und darunter stand in sehr schwarzen, sehr fetten Lettern: »Wo sind die Millionen geblieben?«

Mehrmals hatten mein Bruder und ich darüber gelacht, auch an diesem Abend wieder, aber trotzdem, so wies ich ihn zurecht, hättest du nicht über mich reden dürfen.

Aber ich schwör's dir, das war keine Absicht, sagte er, sie ist mir gestern so auf die Nerven gegangen, zum hundertsten Mal der Psychotherapeut, sie redet immer noch davon, verstehst du, da bin ich eingeknickt, da hab ich am Ende zu ihr gesagt, sie kommt auch nicht ins Paradies, denn alles Übel, was sie treibt, das wird ans Tageslicht kommen, denn du schreibst das alles auf, die ganze Familiengeschichte. Ich hab das genauso gemeint wie du, um ihr wehzutun.

Aber ich, sagte ich zu ihm, ich mache das nicht, um jemandem wehzutun. Im Gegenteil, ich mache das, um Schmerzen zu lindern. Und ich erinnere mich noch genau, in dem Moment, als ich sagte »Schmerzen zu lindern«, schnipste ich meine Kippe in den brennenden Kamin.

So saßen wir beide eine Weile da, schlicht wie Brüder eigentlich, unsere Gesichter schräg dem Feuer zugewandt, bis er es nicht mehr aushielt, vor Neugier nicht mehr schweigen konnte.

Hast du den Roman fertig?

Jetzt stand ich fast, den Schürhaken in der Hand, stöberte dämlich in der Glut vor der Kaminplatte, die kaum mehr beleuchtet wurde, und ohne mich umzudrehen, ohne den Mut für eine wirkliche Antwort zu haben, nickte ich wohl deutlich genug, dass er es verstand.

Aber ..., dann zögerte er, und ich lächelte, weil ich ihn zögern spürte, aber ... schreibst du auch über mich?

Und der Kopf wurde mir heiß beim Spiel mit dem Feuer und weil ich die Antwort hinauszögerte, zugleich musste ich lachen, weil ich ihm nicht so rasch antworten wollte, und dann nickte ich wieder, ja, er kam darin vor, ein wenig schon, sagte ich. Und auf der von den Flammen erhellten Kaminplatte sah ich die A-Kükenmannschaft vorüberdefilieren, den Rasen des Parc des Princes, die Dinge, die sie nicht weiß.

Na, was soll's, sagte er, wo es sowieso schon alle wissen.

Er schwieg lange zwischen den Zigaretten, fügte dann hinzu:

Auf jeden Fall möchte ich es bald lesen. Ich bin sicher, es ist ganz lustig.

Ja, schon möglich. Ein bisschen.

Und auf der Kaminplatte, die jetzt langsam erlosch, vor dem Hintergrund aus klebrigem Ruß, leuchtete nur noch ein Gesicht, das als einziges überlebte, wenn ich an das Buch dachte, und es war dasjenige des jungen Kermeur.

Erinnerst du dich an den jungen Kermeur?

Den Dieb aus der Schule?, fragte mein Bruder.

Na ja schon, den Sohn von Madame Kermeur.

Klar, warum?

Nein, nur so, sagte ich. Nur so.

5

Es war nicht vorgesehen, dass ich den jungen Kermeur wiedersehen würde, niemals. Doch ich habe ihn wiedergesehen, eben während der Tage im Familiensitz, gleich zwei Tage nach meiner Ankunft im seltsam abwesenden Dunst, zwei Tage, nachdem ich meine Großmutter aus ihrem Dachboden hatte herabkommen sehen und meine Mutter tief besorgt, weil ich etwas über sie geschrieben hatte, kurz gesagt, der junge Kermeur klingelte an der Tür.

Es gibt in meiner Familie so eine Gewohnheit, also wenn es klingelt, dann rennen alle ans Fenster. Sogar meine Großmutter trotz ihres fortgeschrittenen Alters, trotz der schlechten Augen, ich weiß nicht, aus welcher Ecke sie kam, als die Glocke ertönte, aber sie rutschte auf Socken zum Treppenfenster, beide standen wir gleich da, die Nase am Glas, und ich hörte, wie sie sagte: das ist doch nicht der junge Kermeur da unten mit seinem schwarzen Mantel?

Nein, ich träumte nicht, als ich den weißen Vorhang beiseiteschob und diese Gestalt da sah wie dem Granit entstiegen, da stehen sah, wie einen dem Horizont eingeschriebenen Schatten, das war der junge Kermeur, er wartete vor dem Gartentor. Er rührte sich nicht, als er mich sah, auch wandte er seinen etwas dunklen, in diesem Moment so stummen Blick nicht ab.

In meinem Kopf ist das heute wie ein Segment, das abgetrennt worden ist, ein winziges, im Raum treibendes Segment, doch der Raum, der war da und dort mein Inneres, wie ich diese reglose Silhouette sah. Ich sah ihn nicht gern, in dieser Haltung, wie er mir zulächelte, dieselben geschlossenen Lippen, und wahrscheinlich wusste er nicht besser als ich, was für ein Gesicht in diesem Moment aufzusetzen war, aber was treibt er da? Was treibst du hier?, hätte ich ihn fast gefragt, ebenso gut wie ich hätte sagen können, hau ab, du hast hier nichts zu suchen. Und weil ich so perplex dastand, mehrere Sekunden, da sah er in meinem Blick ganz sicher Panik und Scham gemischt, denn es gab sonst nichts in meinem Blick, Panik und Scham, und ich wusste nicht, was sagen.

Und wahrscheinlich war er nicht enttäuscht, dass meine Mutter selbst die Tür öffnete, erstarrt wie eine kalte Kerze, derart überrascht ganz offenbar, derart verärgert auch, dass er das wagte, hier anzuklopfen und ihrem Blick standzuhalten, und zum Höflichsein fast gezwungen war sie auch. Guten Tag sagte sie trotzdem nicht, sondern es sei lang her, ja, was für eine Überraschung, das sagte sie. Und sogar: Wie geht es Ihrer Mutter?, und jeder ihrer Sätze schien, sobald er über die Lippen war, im freien Fall abzustürzen und am Boden zu zerschellen. Und er dann, ich weiß ja nicht, so gleichgültig er auch wirkte, schien sich in aller Ruhe zu bücken und sie aufzusammeln, jeden der am Boden liegenden Sätze, und dann antwortete er darauf.

Sie verstellte die Haustür, ich musste um sie herumgehen, um nach draußen zu treten, vor ihn hin, und war dermaßen erleichtert, diesen Familiensitz für ein paar Stunden zu verlassen, dass ich mich fast freute, den jungen Kermeur zu sehen, der mir schon auf die Schulter klopfte, meinem alten Freund auf die Schulter, sagte er noch vor meiner entsetzten Mutter.

Woher hast du das denn gewusst, fragte ich, sobald wir in seinem Wagen saßen, woher weißt du, dass ich hier bin?

Man hat deinen Vater gestern früh am Bahnhof gesehen.

Eine Weile suchten wir beide nach etwas, worüber wir reden könnten entlang der gebogenen Linien, die zur Stadt führten, und unser Gedächtnis war wie ein Grundwasser, das nicht herauf will, das Meer nervte fast, weil es so ruhig blieb, das Meer war respektlos, so unbeweglich.

Wenn ich dran denke, dass du weggegangen bist, ohne mir auf Wiedersehen zu sagen, sagte Kermeur.

Ich habe niemandem auf Wiedersehen gesagt, als ich aus Brest weggegangen bin.

Und er wandte mir den Kopf zu, ich blickte nach draußen, am blauen Meer entlang, er fügte hinzu:

Was hast du die ganze Zeit gemacht?

Da überm Hafen von Brest, gerade aus dem Wagen gestiegen, sah ich seine unveränderte Gestalt an und dachte daran, wie er im Wohnzimmer meiner Großmutter Whisky süffelt, er und seine alten zu begleichenden Rechnungen, er und sein Strubbelkopf.

Willst du das wirklich wissen?, solange wir noch dort parkten, in der Nähe des Yachthafens, gleich saßen wir auf einer Terrasse und bestellten ein Bier, aber ich hatte mir gelobt, ihm nie wieder von meinem Famlienroman zu erzählen, von keiner einzigen der einhundertfünfundsiebzig Seiten, denn ich hatte noch sein Lachen von damals in den Ohren, das Lachen, das ihn schüttelte, als ich eines Tages sagte, ich würde Brest verlassen, ich würde ein Buch schreiben, und jetzt war es getan.

Vielleicht, wenn der junger Kermeur an dem Abend damals nicht so gelacht hätte, wäre die Idee für immer aus meinem Kopf verschwunden oder wäre immerhin nicht ein paar Monate später so heftig, so unumgänglich wieder hochgekommen. Monate später, als ich mich an meinen Pariser Schreibtisch setzte, um meinen Familienroman zu schreiben, da hatte ich dieses Lachen in den Ohren, das Lachen des jungen Kermeur, und mit diesem Lachen kamen meine Sätze, kam der Ton des Buchs und die Farbe des Buchs, mit der Vorstellung, jemand würde meine Sätze mit einem hämischen Lachen übertönen. Dieses Lachen habe ich in meinem Familienroman häufig erwähnt, denn der junge Kermeur ist der Einzige, der nicht zur Familie gehört und trotzdem einen wichtigen Platz in meinem Buch einnimmt. Und dann sprach ich weiter:

Kein Schwein interessiert sich für Familiengeschichten.

Und war sicher, er würde wieder loslachen, sicher auch, dass ich dann aufstehen und zu ihm sagen würde, wir hätten uns nichts zu sagen, hätten uns nie etwas zu sagen gehabt, aber jetzt noch viel weniger, stattdessen sagte er, sehr ruhig: also hast du es gemacht.

Und er zögerte, mich anzusehen, wegen der kommenden Frage, die ihm auf den Lippen brannte: schreibst du auch über mich?

Ein bisschen, sagte ich, na ja, eigentlich ziemlich viel, aber nicht wirklich über dich, denn es ist ja trotzdem ein Roman, ich habe vieles verändert. Und ich sah ihn an, und ich sagte mit eher offenem Blick: andererseits ja, man kann sagen, es handelt von dir.

6

Ja, man kann sagen, es handelte von ihm, auch wenn ich vieles verändert hatte, um mir Unannehmlichkeiten zu ersparen, nicht nur mit dem jungen Kermeur, auch mit den anderen, mit meiner Mutter und meinem Vater und sogar mit meiner Großmutter. Darum eröffnete ich die Geschichte mit dem Tod meiner Großmutter, während sie sich in Wirklichkeit ganz zauberhaft hielt, ihren weißen Port trank und bis zum Gartentor sehen konnte. In meinem Buch allerdings nicht, da vermoderte ihr Leichnam, und die ganze Familie stand Würde heuchelnd vorm Familiengrab, während die Totengräber den Sarg an Seilen hinabließen. Und genau in diesem Moment hört man Schritte auf dem Kies knirschen, inmitten der Todesstille, jemand kommt heran und hat Rechnungen zu begleichen, und es ist der junge Kermeur. Nur dass ich ihn in meinem Buch nicht so nenne. In meinem Buch habe ich ihm einen anderen Namen gegeben, der nichts zur Sache tut. Jedenfalls begreift man sehr schnell, dass er nicht dabei sein sollte, in der familiären Intimität, dass bereits die Spannung steigt, zumal mit meiner Mutter, also nicht wirklich meiner Mutter, sondern einer Frau mit Sonnenbrille, die ihre alte Mutter beerdigt und die dennoch im Roman meine Mutter ist, denn es wird in der ersten Person erzählt, also auf gewisse Weise von mir, na ja, jemandem, der nah an mir dran ist, nah genug, dass diejenigen, die mich kennen, verstehen, dass ich es bin. Meine Mutter zum Beispiel wird sofort erkennen, dass ich das bin. Der junge Kermeur wird sofort erkennen, dass das meine Mutter ist, denn sobald sie da am Anfang auf dem Friedhof die Silhouette bemerkt, zieht sie sich eine Plastiktüte über den Kopf. Und wenn es unter all ihren Anfällen einen gibt, der kein Theater ist, dann diesen, denn meine Mutter hat allen Grund, Angst zu haben, denn sie ist schuld daran, dass der junge Kermeur kommt, um sich zu rächen, sie ist schuld daran, dass er im Gefängnis war. In meinem Buch, ja, ich dachte, da wäre es besser, dass Kermeur wegen des Einbruchs im Gefängnis war. Romanhafter.

Sofort ist es stärker, für alle, für meine Mutter natürlich, die es geschafft hatte, dass Kermeur vor Gericht gestellt wird, aber auch für mich, wegen der Schuld, nicht auch selbst mit Kermeur vor Gericht zu stehen, denn in meinem Buch geht Kermeur nicht nur ins Gefängnis, sondern überdies verrät er mich nicht. Ich sage nicht, das hätte er tatsächlich getan. Ich sage nicht mal, er hätte es tun sollen. Ich sage nur, so hat es mehr Klasse, so ist es romanhafter.

In Wirklichkeit hat meine Mutter tatsächlich versucht, den Staatsanwalt zu einer Anklage zu überreden, aber es hat nicht geklappt, in meinem Buch hat es geklappt. Aber das Leben besteht derart aus Zufällen, sagt meine Mutter im Buch, aus unglaublichen Zufällen, betont sie, dabei ist nichts das Ergebnis des Zufalls, sondern im Gegenteil das von Taktik und Kalkül.

Und erst nachdem ich das so eingerichtet hatte, den schwarzen Knoten der Geschichte sozusagen, dass der junge Kermeur aus dem Gefängnis kommt, um sich zu rächen, erst da kann ich erklären, wie wir an diesen Punkt gekommen sind. Zur Wahrheit, kurz gesagt. Alberts Vermögen. Das Languedoc-Roussillon. Der Einbruch bei der alten Dame. Alles, bis hin zur Ausgangssituation, die zum Ende wird. Also am Ende ist man immer noch bei der Beerdigung, mit diesem Typen, der Kermeur ähnelt und aus dem Gefängnis kommt. Nur dass man am Anfang eher gegen ihn war, und jetzt ist man eher für ihn und wünscht ihm Rache an meiner Mutter. Man hofft nur auf eines: eine finale Auseinandersetzung zwischen dem jungen Kermeur und meiner Mutter. Ich sage man, aber vor allem ich erwarte diesen Augenblick, denn niemand hat diese sagen wir romanhafte Version der Dinge je gelesen. Niemand hat je das von mir vorgesehene Ende gelesen, zumal die Szene des großen Mittagessens im Cercle Marin am selben Tag, das gleich auf die Beerdigung meiner Großmutter folgt. Hier schließt sich der Kreis der Geschichte mit Albert. Kermeur also, ich meine derjenige, der Kermeur ähnelt, folgt ihnen zum Ausgang des Friedhofs, er steigt hinter ihnen in seinen Wagen und verfolgt sie, ohne ein Wort zu sagen, also ganz wie ein Psychopath. Meine Mutter wirft zitternd die Wagentür zu, geht zitternd die Treppe zum Eingang des großen Saals des Cercle Marin hinauf, sie spürt genau, dass ihr etwas passieren wird, sie tut ganz recht daran, sich ständig umzudrehen und in ihrer Handtasche ein wenig mit der Plastiktüte zu knistern, denn der andere, der Feind, ist nie fern, finster beobachtet er das alles vom Auto aus, den tätowierten Arm auf dem Metall liegend. Und kaum sitzen wir alle am Tisch, schon steigt Kermeur aus, sehr ruhig. Sehr ruhig geht er die Stufen hinauf und beschließt, hineinzustürmen in den alten stalinistischen Saal, beschließt, dass meine Mutter jetzt bezahlen muss. Und von da an ist es absolut nicht mehr komisch.

Bis hier konnte man es noch fast komisch finden, oder sagen wir leicht, aber jetzt taucht der junge Kermeur mit zwei geladenen Revolvern auf, und er will tatsächlich Schluss machen. Es sieht aus wie eine Geiselnahme, nur dass die einzige Person, die ihn interessiert, mit der er sich in Ruhe unterhalten will, meine Mutter ist. Also schickt er die ganze Familie raus, außer mir, damit ich die Geschichte erzählen, und meiner Mutter, damit er sie bestrafen kann. Sehr schnell errichtet die Polizei draußen eine Absperrung und spricht durchs Megaphon, versucht, mit Kermeur zu verhandeln, aber Kermeur will nichts davon wissen. Selbst als seine eigene Mutter das Megaphon nimmt und ihn anfleht herauszukommen, hört Kermeur nicht darauf. Er will einfach mit meiner Mutter reden. Also setzt er sich vor sie hin, richtet die Waffe auf ihre Stirn und zugleich stehen ihm Tränen in den Augen, zugleich ist er mit den Nerven völlig runter und versucht sich zu beherrschen und versucht, nicht die Fassung zu verlieren, und sein Kopf wackelt ein bisschen in alle Richtungen und man sieht sehr wohl, dass er zögert abzudrücken, und sie sitzt ihm völlig erstarrt gegenüber, bringt aber kein Wort heraus, denn sie hat viel zu viel Angst, dass eine falsche Bewegung, ein unwillkürliches Zucken, aber gerade da sagt er zu ihr, mehr fällt ihm in dem Augenblick nicht ein, auch sein Mund zögert, sich zu öffnen, den Lauf immer noch auf sie gerichtet, er schüttelt den Kopf und sagt, nein, das war nicht gut, was sie getan hat, sie hätte ihn nie von der Schule verweisen lassen dürfen, nein, das war überhaupt nicht gut.

Und die Sekunden sind jetzt lang, es ist, als würde sich für jeden die Geschichte hier, an diesem Punkt des Zögerns, verdichten, in dem Moment, wo er sie töten wird. Und da, genau da hebt er den Revolverlauf, lehnt sich auf seinem Stuhl zurück und schüttelt abermals den Kopf. Er führt die Hand zur Tasche und holt eine

Plastiktüte heraus, die er ihr lächelnd hinhält. Auf dem letzten Bild von meiner Mutter hat sie eine Plastiktüte überm Kopf. Und für alle ist offensichtlich er, für alle ist er der Sieger, der junge Kermeur, auch wenn die Polizei ihn unten an der Treppe erwartet, auch wenn er in Handschellen abgeführt wird mit gesenktem Kopf, in meinem Buch bist du der Sieger.

7

Gleichzeitig hoben wir die Biergläser, gleichzeitig tranken wir sie in einem Zug aus, gleichzeitig stellten wir sie wieder auf den Tisch. Dann warf ich in dem Raum zwischen uns, Kermeur und mir, einen Blick auf mein Mobiltelefon, las auf dem Bildschirm: Neue Nachricht. Ich sah, dass sie von meinem Bruder war. Ich spürte eine vage Besorgnis. Ich las ein Mal. Ich las noch ein Mal.

MUTTER LIEST IN DEINEM ZIMMER. MERKWÜRDIGES VERHALTEN.

Ich zahlte meine Biere nicht. Ich sagte, ich werd's dir erklären. Ich stieg in ein Taxi. Ich sagte, beeilen Sie sich. Ich tat das alles sehr schnell und kämpfte dabei gegen alles, wich sogar noch dem Blick des Fahrers im Rückspiegel aus, und wie auf ihm, dem glasigen Meer, widerscheinend sah ich das riesenhafte Gesicht meiner Mutter wie eines der amerikanischen Präsidenten am Mount Rushmore.

Aber es ist zu spät, alles ist zu spät, dachte ich, sie liest schon die letzten Seiten im von Westen her einfallenden Abendlicht, die Sonne erleuchtete jede Zeile wie ein Strahler am Boxring. Und in diesem Bild, das mich bedrängte, da gab es neben der Angst zugleich etwas Sanftes, etwas, ja, Erlöstes. Ich dachte: nein, keine Eile, lass sie zu Ende lesen. Ja, lass sie das Ende lesen. Ich sagte zum Fahrer: machen Sie langsamer, fahren Sie am

Meer lang, das Wasser wirkte fast dickflüssig im Abendlicht, mit dem toten Gefühl kurz vor fünf Uhr, mit der schweren Artillerie der winterlichen Sonnenuntergänge. Nur keine Eile, lassen Sie sich Zeit.

Der Himmel einen Augenblick lang leer an der Pointe Saint-Mathieu. Auch kein Wind da. Das Meer ganz und gar harmlos. Fahren sie in Ruhe, wir kommen immer noch zu früh an. Das Loslassen der Sonne. Die schlammschwarzen Fjorde. Das Salz des Meerwassers, das auf den Felsen keimt.

Dann war da das stille Haus, mein Vater auf dem Sofa liegend, im Hintergrund immer noch die blinkende Lichterkette und als optische Gesellschaft der Fernseher. Ich winkte ihm durch den Türspalt kurz zu, unterwegs in Richtung Treppe. Er bemerkte ganz offenbar gar nichts. Die Treppe, ich erinnere mich, ging ich langsam hinauf wie in einem Horrorfilm, Blitze in den Augen bei der Vorstellung, dass sie da oben schon aus dem Fenster springt, oder sich die Haare rauft, oder schon tot ist und blutüberströmt übers Bett gestreckt, oder, den Kopf in den Händen, aufwachen will. Nichts von alldem.

Tatsächlich war sie, meine Mutter, da, im Gegenlicht des schwindenden Tages, rücklings an den Schreibtisch gelehnt, als ich hereinkam, und als mein Köper ganz durch die Tür war, da hob sie langsam den Kopf und sah mich an, wie soll ich sagen, sah mich ruhig an. Sie hatte ein Lächeln im Gesicht, ein merkwürdiges Lächeln, aber doch ein Lächeln. Kein Schluchzen. Kein Anfall. Nicht mal eine Plastiktüte in Reichweite, nur dieser ruhige und schwedische Blick, durch den sie mit dem warmen Holz der Wände verschmolz, da richtete sie sich auf vorm Fenster, dahinter der Ozean, geädert von den wenigen nackten Bäumen.

Sie sagte, ich käme im rechten Moment, sie sei gerade fertig geworden, es sei sehr aufschlussreich, sagte sie, ja, sehr aufschlussreich.

Und ich stand da und sagte nichts. Es war eine gefährliche Ruhe, wie diese Ruhe, von der man in Seefahrerbüchern lesen kann, kurz bevor bei Kap Horn der Sturm losbricht, wenn das Meer ganz still wird, der Wind sich völlig legt und man aber schnellstens die Segel reffen und sich unter Deck verbarrikadieren muss, denn das alles bedeutet, dass es gleich fürchterlich losgeht. Und sie jetzt mit diesem fernen, ätherischen Gesichtsausdruck, wie von einem flüchtigen Engel bewohnt, der seinen Zorn verschoben hat. Sogar ihre sonst so trockene, metallische Stimme, auf einmal meinte man fast, sie würde sanfter klingen, als sie mir mit demselben abwesenden Halblächeln sagte: Du hast viel Phantasie, ja, wirklich viel, das ist amüsant.

Ich hätte an alles gedacht außer an dieses Wort, amüsant, dass sie es amüsant findet, nein, das glaubte ich keine Sekunde lang, aber ich weiß nicht, alles, was mir zu sagen einfiel, war, das ist, ja, das ist ein Roman, sagte ich, also sozusagen, na ja, erfunden, weißt du, das handelt nicht von dir.

Sie behielt dasselbe quälende Gesicht bei und antwortete nur einfach: Wer denkt denn, das handelt von mir?

Jetzt hatte sie sich zur Tür gewandt, eine Hand flach auf den Schreibtisch gestützt, auf den dort liegenden Stapel mit meinem Manuskript, als wollte sie verhindern, dass ich damit wegrenne, und um zu sagen, nein, damit sind wir noch nicht fertig, jetzt nahm sie das Manuskript in die Hand, lächelte mich weiterhin an, versuchte zu reden, es gebe nichts mehr dazu zu sagen, oh nicht meinetwegen, das nicht, darüber bin ich hinaus, wegen deines Vaters, und sie kam fast mitleidig näher, fügte hinzu, natürlich, natürlich dürfe das hier auf gar keinen Fall das Haus verlassen. Sie fuhr mir mit der Hand durchs Haar, sie sagte: ich sage das, weil es so für dich das Beste ist, weißt du, für uns alle das Beste.

Ich stand wie gebannt an der Schwelle des Zimmers, meine Lippen auf einmal aus Stein und zu schwer zum Sprechen, darunter wirbelte das schnelle Blut entsetzt. Als würde Kohle in mir geschleppt, zum Herzen hin, zum Nacken, zu meinen furchtsamen Händen, die ihre Bewegungen verbargen, ohne dass irgendein Wort, irgendein solider Gedanke das anhalten könnte, dieses dumpfe Wissen, dass es jetzt, ja, dass es ab jetzt ein Davor gäbe und ein Danach.

Sie schob die Hand in die Tasche ihres Rocks, wühlte zwischen Schlüsseln und Kleingeld, und wie eine allerletzte Waffe, die sie vor mir zückte, hielt sie mir ein Feuerzeug vors Gesicht. Ich schwöre, ich habe es nicht geträumt: auf dem weißen Plastik sah ich die blauen Buchstaben, ich sah das P von Palavas in Form eines Sonnenschirms.

Siehst du, sagte sie, ich habe noch welche.

In einer Hand das Manuskript, als hinge es an ihren Fingern, sie wedelte leicht damit, mit der anderen das Ratschen des Zünders, von dem die Flamme aufspringen würde, ich starrte sie immer noch wortlos an, nur schlug mein Herz langsamer, denn ich ahnte schon, dass ich bald, ja sehr bald meine Pullover einpacken, den Koffer zumachen würde und dann das Leben weit weg von hier.

Sie zögerte es hinaus, jede Sekunde schwerer als die vorige, wie eine schlechte Schauspielerin beim Auftritt ihres Lebens. Ich dachte, so eine Szene hätte ich nie schreiben können, sie immer noch bedrohlich, immer noch zögernd, das Feuerzeug allzu nah heranzuführen, ihre schwarze Silhouette jetzt vor dem dunklen Hintergrund, und sie hatte all ihre Wut, all ihren Hass derart unterdrückt, dass sie mir herausfordernder in die Augen sah als je, und sie sagte, es tut mir sehr leid, mein Schatz, wirklich sehr leid.

Und ich dachte nur: Sie denkt doch nicht im Ernst, das wäre das einzige Exemplar? Und ich dachte an die mehrfach gesicherte Datei in meinem Zimmer in Paris, die noch von dort aus meine Mutter zu verspotten schien. Aber ich sagte nichts, um sie nicht zu beleidigen vielleicht, weil es ihr Recht war, ihr eigenstes Recht in diesem Moment zu denken, sie wäre die Stärkere.

Sie setzte mehrere Male an, drehte den Zündstein des Feuerzeugs, damit ein Funken kam, dann die Flamme, die sie jetzt ein wenig erschrocken betrachtete, als hätte sie in diesem Moment wie ich das etwas durchgedrehte Bild ihrer hervorquellenden, auf ihre Hand konzentrierten Augen vor sich. Ich glaube, ich gehe dann, flüsterte ich fast, als ich sah, wie dieses Mal das Feuer zwischen ihren Fingern aufsprang, sich dort an der Ecke des Papiers festsetzte, an jedem Blatt, das jetzt still die gelb-schwarze Hitze empfing, die an der schon alten Tinte emporkletterte, das von der Flamme ausgehende Monoxid wehte über die einzelnen Zeilen, die in einem Schwung aufgelöst wurden, die einhundertfünfundsiebzig Seiten verzehrten sich in einer so knappen Zeit, es war dieses eine Mal, als würde alles in einem einzigen Satz gesagt.

Schon tanzten die ebenso schnell erkaltenden Aschenfetzen um sie herum wie eine Art schwarzer Schnee, der sie überall streifte, sich dann friedlich am Boden sammelte. Sie selbst murmelte jetzt etwas, das ich nie erfahren werde, und gewiss war da ganz tief in ihr etwas wie Liebe in ihrer Stimme. Und dann hörten wir, von unten kommend, die Stimme meines von allem abgekoppelten Vaters: Was ist denn los bei euch da oben, es riecht so brenzlig.

8

Ich vollführte jede Bewegung rückwärts, die noch sauberen Kleidungsstücke langsam gefaltet, der Koffer in der Linken, nur jetzt leichter, einen Blick für meinen Bruder im Eingang, etwas, ich weiß nicht, wie gezwungene Distanz und der Traum von einer Umarmung, die es nie geben würde. Mit meiner Hand konnte ich mich dennoch nicht beherrschen, ich zeigte ihm fünf Finger, dann eine runde Null, und ich lächelte ein wenig.

Es war am Morgen danach, der 23. Dezember. Mein Vater wartete im Wagen, der Motor lief bereits, auch ihn drängte es, Weihnachten in Frieden zu verbringen. Jetzt hätte er meinen Koffer tragen dürfen, dachte ich, als ich das Gepäckstück im Kofferraum verstaute und mich dann in den dicken Renault setzte, ich schloss den Sicherheitsgurt, um mitzuteilen, ich bin bereit, doch den Blick nach draußen auf die Kletterrosen, die matten Steine, die schon geschlossene Tür. Weit hinter den Fenstern, wie im Schatten des nicht mehr blinkenden Baums verborgen, nahm ich an, dass sie mir vielleicht, vielleicht bei der Abfahrt zusahen.

Jetzt dachte ich an all das, an all das und an den ganzen Rest in dem Wagen, der mich von einer Seite meiner Gedanken auf eine andere zu transportieren schien, die Pupillen wie geknechtet vom unzusammenhängenden Blau des Meers weit draußen, von der Île d'Ouessant, die sich im Dunst erhob, gleichgültig gegenüber der Landschaft des Morgengrauens, den gelben Blumen in den Dünen, dem schweren Qualm der Gitanes, die er sich anzündete, sogar noch bei der Ankunft auf dem Bahnhofsparkplatz. Und als ich ihm zum Abschied zuwinken wollte, wie er da hinter den getönten Scheiben saß, da kam es wie eine Art Blitz aus im heraus, er sagte: Ach, scheiß drauf! Und öffnete seine Tür.

Er setzte den Fuß auf den Boden des Parkplatzes, wie ein Fremder in einer Wildwest-Stadt, und ohne, fast ohne zu zögern ging er zum Kofferraum. Ohne ein Wort schaute ich zu, wie er meinen Koffer nahm und dann, wie ungeschützt in dem Wind, der aufkommen könnte, weiterging, durch die Bahnhofshalle, man hätte meinen können, er legte es darauf an, dass jemand ihn wiedererkannte und ihn auf die verdunsteten vierzehn Millionen ansprach. Und ich, ich folgte ihm einfach, er trug meinen Koffer sogar noch auf den Bahnsteig, hob ihn mir in den Zug, winkte mir hinter der Fensterscheibe zu. Und niemand hat ihn beschimpft.

Französische Literatur bei Wagenbach

Tanguy Viel Das absolut perfekte Verbrechen

Roman

In einer nordfranzösischen Hafenstadt plant die örtliche Gaunerbande den Überfall auf das Casino. Der Plan ist ebenso verrückt wie perfekt. Ein filmischer Roman in Schwarz-Weiß über den Traum vom großen Glück.

Aus dem Französischen von Hinrich Schmidt-Henkel
Quart*buch*. 160 Seiten. Gebunden

Tanguy Viel Unverdächtig

Roman

Tanguy Viel erzählt virtuos von einer bodenlosen Gemeinheit. Er hypnotisiert seine Leser und legt sie dabei in aller Ruhe aufs Kreuz. Ein eigenwilliges Talent aus Frankreich!

Aus dem Französischen von Hinrich Schmidt-Henkel
Quart*buch*. 128 Seiten. Gebunden

Emmanuelle Pagano Die Haarschublade

Roman

Ein kleiner Ort im Süden Frankreichs. Fünfter Stock. Eine sehr junge Frau mit zwei Kindern. Ein alltägliches, kein gewöhnliches Leben. Emmanuelle Pagano erzählt die Geschichte einer unerwiderten, unerwiderbaren Liebe.

Aus dem Französischen von Nathalie Mälzer-Semlinger
Quart*buch*. 144 Seiten. Gebunden

Emmanuelle Pagano Der Tag war blau

Roman

Sommers wie winters sammelt Adèle die Kinder aus den Dörfern und bringt sie in ihrem Bus zur Schule. Lange ahnt niemand, dass sie selbst von dort stammt. Ein strahlender Roman über Selbstfindung und die vieldeutige Kraft der Natur.

Aus dem Französischen von Nathalie Mälzer-Semlinger
Quart*buch*. 176 Seiten. Gebunden

Jacques Roubaud Der Verwilderte Park

Roman

Die letzten Sommertage sind voller Licht und doch wird es kälter. »Jacques« hat seinen richtigen Vornamen abgelegt, Doras Pianisten-Onkel mag nicht mehr spielen, das Wasserbecken im Park ist leer. Ein zärtlicher Text über glückliche Tage und über das Warten.

Aus dem Französischen von Tobias Scheffel
Quart*buch*. 128 Seiten. Gebunden

Jacques Roubaud Der verlorene letzte Ball

Roman

Ein kleines Buch – große Themen: Es geht um Treue und Verrat, um Liebe und Opportunismus. Roubaud erzählt sparsam und fesselnd zugleich, wie aus einem leichthin gegebenen Versprechen grausamer Ernst wird, von dem Leben abhängen.

Aus dem Französischen von Elisabeth Edl
SVLTO. Rotes Leinen. Fadengeheftet. 120 Seiten

Jacques Roubaud Die schöne Hortense

Roman

»Ein Buch voller Erzähllust und Sprachlist, ein Kriminalroman, ein Liebesroman, ein philosophischer Roman und eine herzerfrischende Parodie auf all dies. Einer der geistvollsten und witzigsten Romane über das Romanschreiben und Romanlesen.«

Christina Weiss, Süddeutsche Zeitung

Aus dem Französischen von Eugen Helmlé
WAT 547. 240 Seiten

Wenn Sie mehr über den Verlag oder seine Bücher wissen möchten, schreiben Sie uns eine Postkarte (mit Anschrift und ggf. E-Mail). Wir verschicken immer im Herbst die *Zwiebel*, unseren Westentaschenalmanach mit Gesamtverzeichnis, Lesetexten aus den neuen Büchern und Photos. *Kostenlos!*

Verlag Klaus Wagenbach Emser Straße 40/41 10719 Berlin
www.wagenbach.de

Die französische Originalausgabe erschien 2009 unter dem Titel *Paris–Brest* bei Éditions de Minuit in Paris.

Dieses Buch erscheint im Rahmen des Förderprogramms des französischen Außenministeriums, vertreten durch die Französische Botschaft in Berlin.

Liberté • Égalité • Fraternité
RÉPUBLIQUE FRANÇAISE
AMBASSADE DE FRANCE
EN
REPUBLIQUE FEDERALE
D'ALLEMAGNE
COOPERATION UNIVERSITAIRE

2. Auflage 2010

Verlag Klaus Wagenbach, Emser Straße 40/41, 10719 Berlin
Umschlaggestaltung Julie August unter Verwendung einer Photographie von Owen Franken © Corbis. Gesetzt aus der Sabon. Einband- und Vorsatzmaterial von peyer graphic GmbH, Leonberg. Gedruckt und gebunden bei Pustet, Regensburg.

ISBN 978 3 8031 3234 5